法律法规释义系列

中华人民共和国
黑土地保护法解读

王宪魁 顾问
王超英 主编　王观芳 副主编

ZHONG HUA REN MIN GONG HE GUO
HEI TU DI BAO HU FA JIE DU

中国法制出版社
CHINA LEGAL PUBLISHING HOUSE

编委会

顾　问　王宪魁

主　编　王超英

副主编　王观芳

编写人员　王观芳　何　冰　门　炜
管崇涌　梁志强　向　南

目　录

认清重大意义 层层落实责任 推动黑土地保护法全面贯彻实施[①]（代序）

吉炳轩

黑土地保护法将于 8 月 1 日正式实施。今天我们召开座谈会，目的是进一步学习贯彻习近平总书记关于黑土地保护的重要指示精神，推动黑土地保护法的有效贯彻实施。全国人大农业农村委、国家发展改革委、农业农村部、自然资源部和四省区的负责同志作了发言，结合各自职责谈了认识体会和具体举措，讲得都很好。还有一些部门提供了书面交流材料，也就黑土地保护法的贯彻实施，提出了很好的意见。

结合大家的发言，我就黑土地保护法的贯彻实施再强调几点。

一、深刻领会好实施黑土地保护法的重要意义

黑土地是大自然赐予人类得天独厚的宝藏。黑土土质

① 此文为吉炳轩副委员长于 2022 年 7 月 28 日在黑土地保护法实施座谈会上的讲话。

肥沃，性状优良，有机质含量丰富，是一种非常适合植物生长的优质土壤。东北黑土区是北半球仅有的三大块黑土区之一，是我国重要的粮食生产基地和生态屏障。习近平总书记高度重视黑土地保护，多次叮嘱要保护好黑土地。2016 年 5 月在黑龙江考察时明确指出，“要采取工程、农艺、生物等多种措施，调动农民积极性，共同把黑土地保护好、利用好”；2018 年 9 月在东北三省考察时又指出，“要加快农业绿色发展，坚持用养结合，综合施策，确保黑土地不减少、不退化”；2020 年 7 月在吉林考察时再次强调，“东北是世界三大黑土区之一，是‘黄金玉米带’‘大豆之乡’。黑土高产丰产，同时也面临着土地肥力透支的问题。一定要采取有效措施，保护好黑土地这一‘耕地中的大熊猫’”；2020 年 12 月在中央农村工作会议上又进一步强调，“要把黑土地保护作为一件大事来抓，把黑土地用好养好”。国家“十四五”规划也提出，要实施黑土地保护工程，加强东北黑土地保护和地力恢复。近年来的中央一号文件也对推广黑土地保护有效治理模式、实施东北黑土地保护性耕作和保护工程等提出明确要求。总书记的重要指示和党中央的决策部署，意义重大，影响深远，为黑土地保护提供了重要理论指导和法律、政策指引。

十三届全国人大常委会坚决贯彻落实习近平总书记重要指示精神，及时启动黑土地保护立法工作。这项工作抓得很紧，实现了当年研究论证、当年完成起草、当年提请审议，一年多时间就获得通过，并且是全票通过。这部法律的制定是高效率的，也是高质量的。

一定要看到，习近平总书记将黑土地比喻为国宝“大熊猫”，深刻表明黑土地的优质性、稀缺性，同时也表明了黑土地需要保护的重要性、紧迫性。多年来的开发利用，已出现了黑土层厚度和有机质含量有所下降的问题，一些土壤酸化、沙化、盐渍化现象也已出现，再不引起重视，采取有效措施，就会影响到生态安全和农业可持续发展。我们要从造福子孙永续发展的高度来认识黑土地保护的特殊性和战略意义。黑土地保护法将保护黑土地上升为国家意志，发挥法律规范、保障和引领作用，科学设定各类主体的黑土地保护的权利义务，有利于调动社会各方面共同参与，综合施策、形成合力，坚持不懈地保护好黑土地，以长久地造福人民。

一定要看到，黑土地保护法为保护黑土地优良生产能力、保障国家粮食安全提供了坚强法治保障。以习近平同志为核心的党中央把保障粮食安全作为治国理政的头等大事，强调粮食安全是国家安全的重要基础，中国人的饭碗任何时候都要牢牢端在自己手中。悠悠万事，吃饭为大。耕地是粮食生产的命根子，黑土地是耕地中的“大熊猫”，土壤性状好、肥力高、水肥气热协调，粮食产量高、品质也好。东北大米、玉米和大豆好吃，主要得益于黑土地。从世界范围看，几大黑土区普遍是重要的农产品供应来源，收成多少，已影响到世界食物供应。北美大平原、东欧大平原黑土地分别享有“世界粮食第一大出口区”、“欧洲大粮仓”的美誉。东北黑土区是我国重要的粮食生产基地，粮食产量约占全国的四分之一，而且粮食商品率很高，是保障粮食市场供应的重要来源，是保障国家粮食安全的压舱石。当前国际形势动荡，东欧大平原粮食生产、流通都遇到一些问题，引起国际粮食价格上涨，确保我国粮食安全就显得更为紧要和迫切。保障粮食安全是一个永恒的课题，任何时候都不能放松。我们要增强风险意识，积极保护好黑土地，持续发挥好黑土地在保障国家粮食安全方面的重要作用。要坚持以绿色发展理念为引领，推进农业绿色发展，加快形成绿色生产方式。要本着对历史负责的态度，坚持科学治理、有效保护、永续利用，坚持统筹规划、因地制宜、综合施策，依法规范黑土地保护、治理、修复、利用等活动，着力保障国家粮食安全。

一定要看到，黑土地保护法为保护黑土地生态屏障、维护生态系统平衡提供了坚强法治保障。黑土地与生态环境、生态系统密切相关。黑土中营养物质含量较高、适宜大多数微生物生长发育，每克土壤中含有数百万到数亿的细菌、真菌等，是天然基因库，为生物多样性提供了支撑。土壤生物多样性不仅保持着土壤的生态功能，而且参与自然界生命物质循环与转化，对整个地球生物多样性有巨大贡献。我国东北黑土地处四季分明的寒温带，植被茂盛、湿地遍布，是天然的吸碳宝地。如果黑土地的微生态失去平衡，对生物多样性必然带来影响，进而影响到植被和农作物生长。植被的破坏，必然带来水土流失，进而导致洪涝、干旱等灾害发生。从全球物质循环角度说，如果全球黑土地包括红土地、黄土地等，生态功能退化，吸收碳的能力降低，将对全球气候变化带来严重不利影响。人与自然应当和谐共生，保护自然则自然回报慷慨，毁坏自然则自然惩罚无情。保护好黑土地，黑土地不但会慷慨回报丰富优质的物质产出，而且会慷慨回报人类赖以生存的优良生态环境。黑土地保护法有十分明确的针对性和可操作性，有利于遏制黑土地“变薄、变硬、变瘦”趋势，有利于保护好生态环境，维护好生态系统平衡。

对这些重要性，我们一定要充分领会，深刻认识。

二、紧紧把握好用好养好黑土地这一根本要求

习近平总书记强调“把黑土地保护好、利用好”，要“用好养好”黑土地。用好养好，二者缺一不可，相辅相成，不可偏废。黑土地保护法首先聚焦于耕地保护，就是考虑到在耕地的保护和利用上都要同时照顾到、兼顾好。保护与利用是个统一体，不能分割。利用需要加强保护，保护是为了更好地利用。只利用不保护，就不能可持续；只保护不利用，也就失去了保护的意义，而且也办不到。就这部法律而言，当前突出的问题是要强调保护、重视保护。为了长久发展，为了子孙万代，不论是耕地、林地、草地、湿地等，都要坚持全面保护的原则，在保护的前提下，合理利用，科学开发，绝不能搞掠夺式经营。耕地是土地中最宝贵的，是人类赖以生存的根基。保护黑土地，首先要保护好耕地，使之肥力不减弱，地力不下降，有机质始终处于充盈合理的状态。黑土地保护法突出规定了有针对性的耕地养护措施。

一是要加强农田基础设施建设。特别是通过农田水利工程建设、田块整治、合理规划修建田间道路等，建设良好的农田灌排体系。要修复水毁耕地，治理侵蚀沟，有效防范水蚀、风蚀，阻止水土流失、土壤盐碱化等问题发生发展。要通过工程措施和科学的耕作技术，来涵养土地水源，保护好土壤有机物质，进一步增强耕地防灾减灾能力，以确保旱涝都能保收丰收。简要说，就是要下力建设高标准农田，做到旱能浇，涝能排，既能高产，又能优质。

二是要推广科学的耕作技术，提高黑土的活化质量。要有计划地实行合理调茬、休耕和轮作等用地养地相结合的种植制度，采取科学的免（少）耕、深松等保护性耕作技术，通过秸秆覆盖、粉碎深（翻）埋、过腹转化等秸秆还田、过腹还田以及科学施肥、用药技术，来保护黑土地、医养黑土地，使黑土地始终充满活力，做到肌体康健，活力旺盛。

三是要加强环境治理。保护黑土地，需要做到山水林田湖草沙统筹治理，全方位、大系统来考虑，综合施策，互为作用。黑土地上的森林、草地对保护耕地意义重大。耕地周边的森林、草地等如果遭受破坏，其生态功能就会减弱，涵养水分等功能就会下降，降雨存不住，流速急，很快行成径流，就会涌向农田，成灾成患，不但会淹没农田、而且还会逐渐发育成侵蚀沟，造成水土流失；降雨量急时、大时，就会形成洪水毁坏作物、冲毁农田。所以黑土地保护法强调了黑土地周边林地、草地、湿地的保护修复，强调通过营造植物保护带等措施来治理各类土地上的侵蚀沟，目的就是营造有利于黑土地保护的自然生态环境。

三、切实发挥好政府部门统筹协调的主导作用

黑土地保护要建立健全政府主导、农业生产经营者实施、社会参与的综合协调的保护机制。其中，政府要发挥好主导作用是最关键的。

一是政府要建立强有力的统筹协调机制。黑土地保护涉及农业农村工作、自然资源管理、水利工程、发展改革、生态环境，以及财政等多项工作，多个管理部门，需要合力同心才能把这件事情办好。所以各个部门必须协调配合，共同作为。政府各有关部门，都要对照法律规定，积极主动地认领责任，不但要把自己应该干的事情办好，而且要积极配合其他部门，共同努力，来把黑土地保护好、治理好、科学利用好。国务院和四省区人民政府都要加强领导，做好组织、协调和监督管理工作，统筹制定好依法对黑土地进行保护的具体措施。四省区人民政府要对本行政区域内的黑土地数量、质量、生态环境状况做到心中有数，并负起依法保护的地方责任。县级以上地方人民政府都要建立由各有关部门组成的黑土地保护协调机制，加强工作指导和统筹协调，并明确各级各方各个部门的具体责任，以确保黑土地保护的各项措施落到实处。

二是要做好黑土地保护的各项基础性工作。首先要搞清家底，黑土地有多少，质量状况、耕作条件、植被情况、水利情况、侵蚀和退化情况等，都要了解清楚，做到明明白白，而且是每一区、每一方、每一块地都能明明白白，这才能因地制宜地有效进行保护和治理。一概而论，大而化之不行。大小兴安岭的黑土地状况不同，松嫩、松辽、三江平原的黑土地状况也不同，有的差别是很大的，一张方子用药治不了病。这一点很重要，是基础性的工作，必须要做好。其次是要进行分类指导，根据不同的情况采取不同的保护措施，包括耕作措施、修复措施等，需要采取什么措施，就采取什么措施，不能机械化、教条化、简单化。再其次是要有工程措施，该修工程的必须要修工程，包括水利工程、修复工程、水土保持工程等。黑土地保护需要一定的投资，不修工程、不花钱也是保护不了的。

三是要做好群众的教育引导工作。黑土地保护需要人民群众的积极参与和共同努力。人民是土地的主人，耕地由人民耕作，森林有人民养护，草原湿地也要靠人民的看管才能保护得住，保护得好。农民要种地、要吃饭、要花钱，就希望在有限的耕地上多打粮食，多卖些钱，这也是天经地义的，没有什么不对。但怎样做到科学种植，包括地怎么耕，怎么耘，种植什么样的作物，怎样调茬，怎样轮作，包括如何让土地休息、保养，既能多打粮食又能保养土地，可持续利用，这需要政府来示范、教育和指导。一些工程措施一家一户是办不了的，也需要政府来统一组织。要看到，我们的农民是勤劳的、质朴的，对赖以生存的黑土地是爱恋的、珍惜的，关键要有人去组织、去领导。教育农民、组织农民、引导农民，发挥人民群众的积极作用来保护黑土地，各级政府责无旁贷，必须切实负起责任。

四、积极利用好科学技术这一重要的技术支撑

依法保护黑土地除了调动人民群众的保护积极性，采取必要的工程措施外，很重要的一条，就是要运用先进的科学技术来支撑。保护黑土地必须要讲科学、用技术，而不是简单地行政命令或硬性的条条杠杠。技术的威力是巨大的。

一是要加强科学研究，科学攻关。保护黑土地要运用科学手段和科学方法。诸如怎样进行耕作，几年深耕一次，如何进行深松，怎样保持水土不流失，怎样涵养水份，怎样防止干旱，怎样防治洪水，怎样保护植被，怎样修治田土，怎样进行轮作，什么样的土地要休耕，各种作物如何调茬种植，等等，都是不能随意做出决定的，也不是现有的耕作技术和方法就可通用解决得了的，这需要进行科学研究和科学试验。我们的科研单位，大专院校要加强这方面的研究，通过实验、对比，拿出切实可行的方法，来指导农业实践。应把黑土地的保护列入科技部门和有关大专院校的科研规划，有专门的力量来进行研究，拿出实实在在的科研成果。

二是要充分总结挖掘我国在耕地保护滋养上的好经验。实践出真知，我国在土地特别是耕地的保护上是有丰富的实践经验的。根据考古发现，我们的黄河流域长江流域的许多耕地开发种植的时间都在5000年以上，有的达到了7000年、上万年，而至今这些土地仍在生产粮食，而且是高产稳产，只要风调雨顺，就能持续丰收。这靠的是什么，靠的是保护和滋养耕地。自古以来，我国勤劳的人民，特别是农民都十分珍惜爱护土地，并能善待土地、滋养土地，包括对土地的整治、水土水肥的保持、使用农家有机肥改造养育土地，包括整治坡岗地、修整低洼地、改造盐碱地，也包括改良土壤、调茬种植、轮作种植等，创造了丰富的经验，几千年的实践证明，是十分有效的。这些好的经验，需要系统总结，可根据黑土地的地理环境、气候条件来借鉴实践。科学来自实践，宝贵的实践经验需要高度重视。

三是要鼓励人民群众大胆进行探索创造。保护黑土地是广大人民参与的一项伟大工程，也是艰巨工程，目前还没有一整套十分成熟的经验可以照搬，除了加强科学研究、科学攻关、科学试验和总结借用一些传统的好经验外，大量的工作要在生产实践中去探索创造。要相信人民群众、依靠人民群众，动员群众在耕作实践中去探索创造。实践中得出的经验是最可贵的。只要有利于黑土地的保护，各种各样的实践创造我们都应欢迎。一定要把人民群众，特别是广大农民动员起来，使其积极参与到黑土地保护的行动中来，并去积极地创造经验。

五、始终坚持好实事求是实际实效的工作原则

依法对黑土地进行保护，是一项系统工程，也是一项长期任务，不是靠一部法律公布了，几个会议召开了，几条措施拟定了，抓一阵子就能解决的。必须要坚持一切从实际出发，持之以恒地抓下去，要讲求实实在在的效果，取得明明显显的变化。

一是要广泛深入地搞好宣传教育。法律制定了，公布实施了，但要让人民群众都知道和掌握并自觉行动起来，拿起法律的武器来保护黑土、保护耕地，包括保护黑土地上的森林、湖泊和植被等，还需要进行广泛深入的宣传教育。要把保护黑土地的重要意义、法律要求、政策举措和一些具体规定，都宣传到群众中去，真正让群众理解和掌握，并化为群众的自觉行动。特别需要强调的是，不能简单地理解为保护黑土地就是东北四省区的事情，与其他地方无关。耕地保护、国土整治、环境治理人人有责，黑土地、黄土地、红土地，各种各样土质的土地，特别是耕地都要保护好，这是大的方针政策。东北四省区要把这部法律深入学习、宣传、贯彻、实施好，其他地区也要借助这部法律，把土地，特别是耕地保护好，也要进行宣传教育。他山之石，可以攻玉，都有责任保护好我们赖以生存的极其宝贵的耕地资源。

二是要处理好黑土地保护和确保粮食安全的关系。要把黑土地保护和确保国家粮食安全作为一体来考虑。黑土地在国家粮食安全中起着举足轻重的作用，怎样在不影响粮食生产，特别是粮食产量的前提下，来对黑土地进行种植结构的调整和科学的轮作和休耕，这是需要认真思考、慎重对待的一个大问题。东北黑土地的粮食种植对气候条件要求很高，不同的积温带只适应种不同的农作物，受无霜期的制约，不同的农作物轮换种植难度较大。黑土地要保护，粮食产量还不能掉下来，能轮作的还要轮作，该调茬的还要调茬，需要休耕的也得休耕，这些问题都要统筹考虑好，拿出十分稳妥的解决办法，千万不可一刀切，不可简单从事。包括对于化肥、农药、地膜的使用，怎样在不伤害土地的前提下，在能保证粮食丰收的前提下，来合理使用，都需要进行很好地研究和实践，也不能简单从事。包括秸秆还田、改善土壤，也需要一定的大型机械和一个实践的过程，都需要做细致的工作，取得经验后，逐步推开。这部法律在实施中会遇到许多十分实际的问题，我们都需要去研究，拿出切实可行的解决办法。这是在工作中需要格外重视的。

三是要注意维护好群众的切身利益。人民群众对于黑土地的保护是积极的、主动的，对于黑土地保护法的颁布实施是拥护的、盼望的，因为土地是赖以生存的根本。但对于如何保护、如何养护则还需要政府的组织和科学的指导，也就是得有人来领导着干、指导着干。常言说，靠山吃山，靠水吃水。一定要看到，东北地区，特别是黑龙江、吉林两省，有不少农民是靠种田打粮来获取收益、维持生计、发家致富的。农民最关注的还是粮食如何能够多收，并卖上个好价钱，这还是头等大事。依法对黑土地进行保护，目的也是为了使黑土地能够永葆生机和活力，可以永续利用，多收粮食，收好粮食，为百姓造福。保护和多收这是不矛盾的。但保护黑土地势必要采取一些措施，诸如田地休耕，保护水源，保护湿地，保护森林，减少化肥、农药的使用，包括改良改革耕作模式和方式，会一时或暂时影响到一些农田的收成，这就会为一些种田的农民带来一定的影响。保护黑土地不采取措施肯定不行，不改变粗放的、掠夺式的生产经营方式也不行。这个矛盾必须解决，一定要拿出解决矛盾的方法。原则是不能影响农民的收入。既要向农民讲清道理，共同参与到黑土地保护的伟大工程中来，从长远利益来看到碰到的问题，又要采取多种办法、多种门路来解决可能会影响到一些群众的暂时收益问题。这个问题解决好了，人民群众的积极性调动起来了，创造性发挥出来了，黑土地的保护就一定能够顺利进行，并取得成效。

为黑土地保护提供坚强法治保障

王宪魁

习近平总书记高度重视黑土地保护，2020 年 7 月 22 日在吉林考察时指出，一定要采取有效措施，保护好黑土地这一“耕地中的大熊猫”；2020 年 12 月在中央农村工作会议上要求，要把黑土地保护作为一件大事来抓，把黑土地用好养好。2022 年 6 月 24 日十三届全国人民代表大会常务委员会第三十五次会议审议并全票通过了《中华人民共和国黑土地保护法》，并于 2022 年 8 月 1 日起施行。黑土地保护法为保护好黑土地提供了有力的法治保障。

一、立法背景和主要过程

党中央始终把解决好“三农”问题作为全党工作的重中之重。在世界百年未有之大变局中，稳住农业基本盘、守好“三农”基础是应变局、开新局的“压舱石”。以习近平同志为核心的党中央把粮食安全作为治国理政的头等大事，强调粮食安全是国家安全的重要基础，中国人的饭碗任何时候都要牢牢端在自己手中，饭碗主要装中国粮。2020 年底中央经济工作会议指出，保障粮食安全，关键在于落实藏粮于地、藏粮于技战略，要解决好种子和耕地问题。随后召开的中央农村工作会议和2021年中央一号文件，对打好种业翻身仗、保护耕地尤其是保护黑土地提出了更加具体明确的要求。

十三届全国人大四次会议期间，全国人大农业与农村委员会收到关于制定黑土地保护法的议案和多件代表建议，代表们建议制定黑土地保护法，保护黑土地、留住黑土层，解决违法占用、违法开垦黑土地等问题。2021年3月中下旬，委员会两次研究议案办理工作，提出对习近平总书记和党中央高度重视的黑土地保护问题重点加以研究，并要求提高议案办理的质量和效率。抓紧开展立法修法研究论证，与相关方面进行积极沟通讨论。及时组织召开研究论证会，中央和国务院有关部门、专家学者参加会议并发言，普遍认为要加强黑土地保护的法治保障；委员会组成调研组进一步赴黑龙江、吉林、辽宁、内蒙古等省份调研，地方对黑土地保护立法普遍赞成、积极支持，为了保障国家的粮食安全和生态安全、建立统筹协调工作机制等，有必要在国家层面开展黑土地保护立法。委员会多次向全国人大常委会领导同志报告有关工作情况，及时提出黑土地保护立法的专门报告。常委会领导同志高度重视，作出重要批示要求积极推进相关立法，加快了立法工作的进程。

黑土地保护法边研究论证边起草。委员会多次组织召开中央有关部门、专家学者的座谈会，到东北四省区开展5次调研，实地到13个地市及其相关县市和村镇进行考察。调研中邀请10人次的全国人大代表参加，邀请地方各级人大代表提出意见和建议，为起草工作打下了扎实的基础，逐步形成了草案稿。2021年9月，将草案征求意见稿发送四省区人大征求意见，并送全国人大常委会办公厅以办公厅名义征求国务院办公厅意见。收到国务院办公厅意见后，认真组织研究吸纳有关意见和建议。经过反复研究论证，草案趋于成熟。2021年12月，黑土地保护法草案提请十三届全国人大常委会第三十二次会议审议。2022年，黑土地保护法列入了全国人大常委会立法计划的重点立法项目，加快推进。全国人大常委会于2022年4月、6月分别对黑土地保护法草案进行了二次审议和三次审议，并于6月24日常委会全票审议通过。

黑土地保护法的起草和通过，体现了全国人大常委会紧紧围绕党中央重大决策部署谋划推进各项工作，牢固树立法治思维推动国家治理体系和治理能力现代化，高效高质推进涉农相关立法，使立法工作更好围绕中心和大局、更好服务国家和人民；体现了发展全过程人民民主，代表的议案和建议加快推动了立法进程，五级人大代表的意见和建议对完善法律条文发挥了重要作用，广泛的调研凝聚了人民群众的智慧、反映了人民的期盼；发挥人大立法主导作用，这部法律实现了当年研究论证启动当年完成起草当年提请审议，获得常委会委员全票通过，体现了“小快灵”立法特点，体现了立法高效率、高质量。

二、立法必要性和重要意义

一是深入贯彻落实习近平总书记重要指示和党中央决策部署的需要。习近平总书记高度重视黑土地保护，多次叮嘱要保护好黑土地。2016 年 5 月在黑龙江考察时说，要采取工程、农艺、生物等多种措施，调动农民积极性，共同把黑土地保护好、利用好；2018 年 9 月在东北三省考察时说，要加快绿色农业发展，坚持用养结合，综合施策，确保黑土地不减少、不退化；2020 年 7 月在吉林考察时说，东北是世界三大黑土区之一，是“黄金玉米带”“大豆之乡”，黑土高产丰产，同时也面临着土地肥力透支的问题。一定要采取有效措施，保护好黑土地这一“耕地中的大熊猫”；2020 年 12 月在中央农村工作会议上指出，要把黑土地保护作为一件大事来抓，把黑土地用好养好。近年来的中央文件，多次强调黑土地保护，“十四五”规划提出，实施黑土地保护工程，加强东北黑土地保护和地力恢复。习近平总书记将黑土地比喻为国宝“大熊猫”，这一重要论述具有深刻内涵和深远意义。黑土地是大自然赋予人类得天独厚的稀缺宝贵资源，具有优质性、稀缺性、易被侵蚀性等特点。多年来人为高强度开发利用，黑土层厚度、有机质含量等下降，土壤酸化、沙化、盐渍化加剧，严重影响生态安全和农业可持续发展。要从造福子孙永续发展的高度认识黑土地保护的特殊性和战略意义，向“藏粮于地、藏粮于技”战略高度推进。制定黑土地保护法，将保护黑土地上升为国家意志，是贯彻落实习近平总书记和党中央关于黑土地保护要求的有力举措。

二是保障长远国家粮食安全的需要。粮食安全是“国之大者”，悠悠万事，吃饭为大。手中有粮、心中不慌。在百年变局和国际形势错综复杂的背景下，粮食和重要农副产品的稳定供给是社会始终保持稳定的基础，是推动经济社会发展行稳致远的保障。耕地是粮食生产的“命根子”，黑土地是耕地中的“大熊猫”，土壤性状好、肥力高、水肥气热协调，粮食产量高、品质好。东北黑土区是我国重要的粮食生产基地，粮食产量约占全国的四分之一，粮食商品率高，是保障粮食市场供应的重要来源，是保障国家粮食安全的“压舱石”。黑土地在保障粮食安全、保障优质农产品供给上的作用不言而喻。制定黑土地保护法，规范黑土地保护、治理、修复、利用等活动，保护黑土地高产优质农产品产出功能，能够为保障国家粮食安全提供坚强法治保障。

三是维护生态系统平衡的需要。珍稀的黑土地自然资源，既不可再生，也无可替代。长期以来，由于保护和投入不够，加之风蚀、水蚀侵害，黑土地土壤有机质含量下降、土壤养分流失、水土流失严重、土地耕层构造劣化，黑土地“变薄、变硬、变瘦”。侵蚀沟发育发展，不仅造成耕地丧失，而且造成土地破碎。黑土地作为生态系统的重要组成部分，其自身生态遭到破坏还带来了其他环境问题，如河道淤积、洪涝灾害加剧、水利设施和道路被破坏等。人与自然应当和谐共生，保护自然则自然回报慷慨，掠夺自然则自然惩罚无情。制定黑土地保护法，保护好生态环境，维护好生态系统平衡，促进资源环境可持续，才能使黑土地永远造福人民。

四是完善黑土地保护体制机制的需要。近年来，党中央、国务院采取了一些对黑土地保护的措施。2017 年，经国务院同意，原农业部、国家发展改革委等 6 部门联合印发了《东北黑土地保护规划纲要（2017—2030 年）》；2020 年，经国务院同意，农业农村部和财政部联合印发《东北黑土地保护性耕作行动计划（2020—2025 年）》；2021 年，经国务院同意，农业农村部、国家发展改革委等 7 个部门联合印发了《国家黑土地保护工程实施方案（2021—2025 年）》。这些举措对黑土地保护发挥了积极作用，但是政策具有阶段性特征，难以建立长期稳定的保护机制，还存在工作上协同性不足、稳定投入机制未建立、责任主体不够明确等问题。当前，吉林省、黑龙江省制定了黑土地保护条例，内蒙古自治区制定了耕地保养条例等，但是地方层面立法，难以形成上下联动、多方参与的长效保护机制。当前土地管理有关法律法规，在耕地保护方面主要解决一般性问题，数量保护措施多、质量提升措施少，对黑土地的特殊保护还缺乏针对性的措施。综合施策、形成合力、久久为功保护好黑土地，需要全社会共同努力。制定黑土地保护法，有利于建立针对性、系统性、稳定性的黑土地保护制度。

三、立法指导思想和总体思路

深入贯彻学习习近平新时代中国特色社会主义思想，深刻理解和准确把握习近平总书记关于黑土地保护的重要指示精神，牢固树立法治思维，坚持问题导向和目标导向，坚持“小快灵”立法，突出立法针对性、适用性、可操作性，着力保护黑土地中的耕地，促进资源可持续利用，维护生态系统平衡，保障国家粮食安全。

黑土地保护法起草中注重把握以下几点：一是坚持确保黑土地总量不减少、功能不退化。对地力退化，能够修复的，要综合施策，进行修复。二是明确责任。构建政府主导、农业生产经营者实施、公众参与的保护机制，建立共同负责、各负其责的责任体系。三是坚持用养结合。有的人提出，应该养地在先，不达标准停止种地。我们的目的是要保障粮食安全。既要改变生产经营方式，也要防止片面追求保护、削弱粮食生产能力和影响农民种粮积极性，促进形成绿色发展方式。四是尊重自然规律和科技规律。黑土地分布广阔，不同地域积温、降雨、蒸发、风力等条件不同，需要采取的技术措施也不同。保护黑土地要因地制宜，坚持从实际出发，不搞“一刀切”。五是保护好农民权益。农业生产经营者要合理利用和保护黑土地，有利于农民利益近期不受损、长远更有利，有利于国家粮食安全、生态安全。

四、主要法律制度

这次立法，采取“小快灵”方式，突出立法针对性、适用性、可操作性，着力构建针对性、系统性、稳定性的黑土地保护制度。整部法律不分章，共三十八条，包括立法目的、适用范围、保护要求和原则、政府责任和协调机制、制定规划、资源调查和监测、科技支撑、数量保护措施、质量提升措施、农业生产经营者的责任、资金保障、激励政策、考核与监督、法律责任等内容。

（一）本法的适用范围

本法所称黑土地，是指黑龙江省、吉林省、辽宁省、内蒙古自治区（以下简称四省区）的相关区域范围内具有黑色或者暗黑色腐殖质表土层，性状好、肥力高的耕地。一是本法规定的黑土地是具有黑色或者暗黑色腐殖质表土层，性状好、肥力高的耕地。当前森林法对林地、草原法对草地、湿地保护法对湿地等进行了规范，并且体现了保护优先、全面保护的原则，依照这些专门法律，能够对属于林地、草地、湿地等用途的黑土地进行很好的保护。耕地是人们用来满足生产生活需要的土地，要在利用中保护，在保护中利用。处理好黑土地保护与利用的关系，重点和难点在耕地。作为一部“小快灵”立法，本法突出立法针对性、适用性、可操作性，着力保护黑土地中的耕地。二是本法适用地域范围是东北四省区的相关区域。从行政区域看，黑土区的范围涉及黑龙江省、吉林省、辽宁省，以及内蒙古自治区的呼伦贝尔市、兴安盟、通辽市、赤峰市（简称东四盟）。具体地域的确定要把握以下几点：第一，国家层面统筹确定黑土地保护范围。按照本法第四条规定，国务院农业农村主管部门会同自然资源、水行政等有关部门科学合理确定黑土地保护范围并适时调整。第二，按照最有利于全面保护、综合治理和系统修复的原则，确定黑土地保护范围。历史上属黑土地的，除确无法修复的外，原则上都应列入黑土地保护范围进行修恢复。第三，注重调查和监测。通过调查和监测建立黑土地档案和质量动态变化数据库。第四，编制黑土地保护规划。县级以上人民政府有关部门要制定黑土地保护规划。通过规划，各地要明确黑土地的保护范围，其中县级黑土地保护规划应当落实到黑土地具体地块并向社会公布。三是本法与土地管理等相关法律的关系。按照立法法规定，全国人大常委会制定的法律，特别规定与一般规定不一致的，适用特别规定。黑土地保护法是一部针对东北地区黑土地中的耕地进行保护的专门法律，属于特别法。土地管理法、水土保持法、土壤污染防治法等法律对耕地管理、水土保持、土壤污染防治等作出了一般规定。黑土地保护法作出特别规定的，则适用特别规定；本法没有作出特别规定的，适用有关法律的一般规定。

（二）明确政府统筹协调等方面的责任

统筹和协调是形成工作合力的关键。国务院和四省区人民政府加强对黑土地保护工作的领导、组织、协调、监督管理，统筹制定黑土地保护政策。四省区人民政府对本行政区域内的黑土地数量、质量、生态环境负责。县级以上地方人民政府应当建立农业农村、自然资源、水行政、发展改革、财政、生态环境等有关部门组成的黑土地保护协调机制，加强协调指导，明确工作责任，推动黑土地保护工作落实。

（三）加强黑土地保护规划

为加强黑土地保护的规划引领工作，规定县级以上人民政府应当将黑土地保护工作纳入国民经济和社会发展规划；国土空间规划应当充分考虑保护黑土地及其周边生态环境，合理布局各类用途土地，以利于黑土地水蚀、风蚀等的预防和治理；县级以上人民政府农业农村主管部门会同有关部门编制黑土地保护规划，明确保护范围、目标任务、技术模式、保障措施等；为了使法律实施更具有可操作性，明确县级黑土地保护规划应当落实到黑土地具体地块，并向社会公布。

（四）切实保障国家粮食安全

本法的重要立法目的之一是保障国家粮食安全。本法规定，保护黑土地的优良生产能力，确保黑土地总量不减少、功能不退化、质量有提升、产能可持续。为加强耕地用途管制，防止耕地“非农化”、防止“非粮化”。土地管理法对耕地征占用的规定十分严格，尤其对永久基本农田的划定和占用规定了更为严格的制度。与土地管理相关法律制度相衔接，本法规定黑土层深厚、土壤性状良好的黑土地应当按照规定的标准划入永久基本农田，重点用于粮食和重要农产品生产，实行严格保护，确保数量和质量长期稳定；建设项目不得占用黑土地；确需占用的，应当依法严格审批，并补充数量和质量相当的耕地。

（五）加强黑土地保护的科技支撑

本法坚持尊重自然规律和科技规律。黑土地分布广阔，需要采取不同的措施和技术路径。保护黑土地要因地制宜，坚持从实际出发。本法加强黑土地保护的科技支撑。一是加强科技研究。国家将黑土地保护、治理、修复和利用的科技创新作为重点支持领域；鼓励高等学校、科研机构和农业技术推广机构等协同开展科技攻关。二是加强科技推广。国家有关科技推广机构应当对农业生产经营者进行技术培训、提供指导服务；国家鼓励各类组织和人员开展黑土地保护相关技术服务。三是国家支持开展黑土地保护国际合作与交流。四是加强调查和监测，为科学保护黑土地提供基础支撑。五是注重因地制宜。针对水蚀、风蚀等突出问题，因地制宜采取具体技术措施，如秸秆覆盖、秸秆粉碎深埋等。

（六）突出黑土地养护

耕地是为粮食等农产品生产服务的，黑土耕地必须在利用中保护、在保护中利用，能修复的还要修复。为保护黑土地健康和提升质量，本法突出规定了有针对性的养护措施。一是要综合采取工程、农艺、农机、生物等措施，保护黑土地的优良生产能力。二是加强黑土地农田基础设施建设。这是治理侵蚀沟，防范水蚀、风蚀，防止水土流失、土壤盐碱化等问题的重要措施。三是推广科学耕作制度。重点是实行轮作等用地养地相结合的种植制度，免（少）耕、深松等保护性耕作技术，通过秸秆覆盖、粉碎深（翻）埋、过腹转化等实行秸秆还田，科学施肥、用药，等等。这些是提高黑土地质量的重要措施。四是加强环境治理措施。本法聚焦于耕地保护，重点是侵蚀沟治理、农田防护林建设、防沙治沙，以及黑土地周边林地、草原、湿地的保护修复和荒山荒坡治理等。山水林田湖草沙依照各自法统筹治理保护黑土地。五是对农业投入品的包装物、废弃物等要进行回收以及资源化利用或者无害化处理。六是畜禽粪污应当就近还田利用。这是增施有机肥、促进黑土地绿色中央循环农业发展的措施。

（七）突出基层组织和农业生产经营者的保护责任

黑土地保护，重在基层的落实。一是县级人民政府的职责。县级人民政府要建立协调机制、制定黑土地保护规划、采取措施实施或者推广黑土地养护措施。为保障精准施策，县级人民政府的黑土地保护规划要落实到地块；要对本行政区域内的黑土地进行科学分区，因地制宜确定相关措施，制订和组织实施黑土地质量提升计划。二是乡镇人民政府的职责。乡镇人民政府应当积极协助组织实施黑土地保护工作，宣传、推广适宜的黑土地保护措施，督促农业生产经营者履行保护义务。三是土地发包方的责任。发包方要监督承包方依法合理利用和保护黑土地，制止损害黑土地等行为。四是农业生产经营者的义务。农业生产经营者具体实施黑土地保护措施，是黑土地保护的责任主体，也是直接受益者。农业生产经营者应当十分珍惜和合理利用黑土地，对于政府推广的黑土地保护措施要积极配合实施，同时要提高保护黑土地的自觉性和积极性。国有农场在推动农业农村现代化、推进生态文明建设方面具有重要作用，在黑土地保护中要发挥好示范作用，带动和引领各类主体加强黑土地保护。

（八）注重保护好农业生产经营者权益

农业生产经营者要合理利用和保护黑土地。国家实行用养结合、保护效果导向的激励政策，对采取黑土地保护和治理修复措施的农业生产经营者按照国家有关规定给予奖励补助；国家建立长期稳定的奖励补助机制。农业生产经营者未尽到黑土地保护义务的，应当对其进行批评教育，经批评教育仍不改正的，可以不予发放耕地保护相关补贴。

（九）建立健全黑土地保护的资金投入机制

资金投入是黑土地保护的重要保障。一是财政投入。本法第三条规定，国家保障黑土地保护财政投入。县级以上人民政府应当将黑土地保护资金纳入本级预算；国家加大对黑土地保护措施奖补资金的倾斜力度；政府应当将黑土地保护作为土地使用权出让收入用于农业农村投入的重点领域；国家组织开展高标准农田、农田水利等建设活动，在项目资金安排上积极支持黑土地保护需要。二是国家鼓励粮食主销区参与黑土地保护，建立健全黑土地跨区域投入保护机制。粮食主销区与四省区之间要建立稳定的粮食购销关系的经济合作方式，共同参与黑土地保护。三是国家鼓励各类社会主体参与黑土地保护。社会资本可以投入黑土地保护活动，国家保护投资者的合法权益。国家鼓励开展黑土地保护相关保险业务。农民专业合作社、企业等要积极发展现代农业，从优质农产品经营中获得更多产出效益，从而有能力投入黑土地保护，形成良性循环，促进绿色农业发展。

（十）加强考核和监督

一是明确四省区人民政府对本行政区域内的黑土地数量、质量、生态环境负责。国务院对四省区人民政府黑土地保护责任落实情况进行考核，将黑土地保护情况纳入耕地保护责任目标。二是县级以上人民政府自然资源、农业农村、水行政等有关部门按照职责，依法对黑土地保护和质量建设情况联合开展监督检查。三是加强人大监督，黑土地保护情况要向人大报告。

（十一）明确法律责任

对国家机关工作人员截留、挪用或者未按规定使用黑土地保护资金，发现或者接到举报破坏黑土地的行为未及时查处等行为，根据情节轻重设定了法律责任。对非法占用或者损毁黑土地农田基础设施、违法将黑土地用于非农建设、盗挖滥挖和非法出售以及明知非法出售而购买黑土、建设项目占用而未实施耕作层剥离等行为设定了法律责任。本法法律责任的设定注重与有关法律做好衔接。例如，对违法将黑土地用于非农建设的、盗挖滥挖黑土的，依据土地管理法律法规从重处罚；造成黑土地污染、水土流失的，依照污染防治、水土保持等有关法律法规从重处罚。林地、草原、湿地、河湖等范围内黑土的保护，适用森林法、草原法等有关法律；有关法律对盗挖、滥挖、非法买卖黑土未作规定的，参照本法进行处罚。

五、切实做好法律实施工作

法律的生命力在于实施。制定黑土地保护法，标志着“有法可依、有法必依、执法必严、违法必究”迈出了第一步。下一步我们要紧紧围绕保障国家粮食安全、生态安全的大局，努力做好法律实施的相关工作。

一是尽快制定配套法规规章。有关方面要尽快制定配套规定和相关标准，东北四省区还要结合实际，及时制定更有针对性和可操作性的地方配套法规规章，使黑土地保护法更好地落实落地。

二是认真学习贯彻黑土地保护法。东北四省区政府及农业农村、自然资源、水行政、发展改革、财政、生态环境等有关部门，要深入学习黑土地保护法，提高履职尽责的责任感和使命感，采取积极行动促进黑土地保护法的贯彻落实。

三是各级人大依法开展法律实施监督。本法第二十八条规定，县级以上人民政府应当向本级人民代表大会或者其常务委员会报告黑土地保护情况，依法接受监督。各级人大要履行好监督职责，推动黑土地保护法有效贯彻实施。

四是大力宣传黑土地保护法。通过宣传，让各级领导干部、广大人民群众充分认识这部法律的重要意义。不但要在东北四省区开展好宣传，而且要在其他地区加强宣传，使得其他地区能够借鉴黑土地保护的好做法。要向全社会加强宣传，营造全社会关心保护黑土地的正能量，使法律深入人心，为法律的有效实施打好基础。

黑土地保护法的通过，使得黑土地保护进入了有专门立法的新阶段。相信通过各方面大力贯彻落实法律，一定能够让黑土地保护迈上新台阶，取得新成效！

一、立法目的

【法律原文】

第一条　为了保护黑土地资源，稳步恢复提升黑土地基础地力，促进资源可持续利用，维护生态平衡，保障国家粮食安全，制定本法。

【法律解读】

本条是关于黑土地保护法立法目的的规定。

立法目的，也称为立法宗旨，是指制定一部法律所要达到的任务目标，即明确规定一部法律要解决的问题。立法目的与法律的其他条文之间是目的与手段的关系，一部法律中的具体规定，都是围绕着该法的立法目的而展开的，都要服务于立法目的的实现。立法目的统领着一部法律的价值取向，因此法律的第一条对其作出规定，以开宗明义，总揽全局。深刻理解和准确把握习近平总书记关于粮食安全和黑土地保护的指示批示精神、习近平生态文明思想，本条确立了黑土地保护法的立法目的，主要有以下三个方面。

（一）稳步恢复提升黑土地基础地力

农田基础地力是衡量土壤基础肥力的综合指标。在同样的地区、同样的气候条件、同样的农田基础设施建设水平、同样的田间管理措施下，作物产量主要来源于施肥和土壤本身的基础地力。如果肥料对产量的贡献率一样，那么作物产量的提高主要靠基础地力的提升。土壤颜色、厚度、紧实度、质地、比重、容重、孔隙度、土壤力稳性[①]和水稳性[②]团粒结构等物理性状，以及土壤有机质、酸碱度、氮磷钾微量元素含量等化学性状，决定了土壤的水肥气热状态和协调程度，对土壤基础地力产生影响。

黑土地是地球上珍贵的土壤资源，拥有黑色或暗黑色腐殖质表土层，性状好、肥力高、水肥气热协调，非常适合植物生长。黑土地在温带湿润或者半湿润季风气候下形成，具有深厚黑色腐殖质层，其开垦前有机质含量高达5%~8%，水稳性团粒结构，疏松多孔，pH 值为 6.5~7.0，养分水平高。黑土地基础地力高，相较于其他土地的单位面积产出，同样施肥粮食产量要高、同样产出粮食品质要好。但是由于长期以来的不合理利用，黑土地土壤有机质含量下降、土壤养分流失、水土流失严重、土地耕层构造劣化，黑土地“变薄、变硬、变瘦”，土地产出能力下降。水利部水土流失动态监测结果显示，部分地区黑土层厚度

---

① 力稳定性（force stability），又称机械稳定性，是指土壤结构体抵抗机械压碎的能力。结构体的机械稳定性越大，在耕锄等管理过程中被破坏的就越少。

② 水稳定性（water stability），是指结构体浸水后不易分散的性能。

已由20世纪50年代的60~80厘米下降到当前的20~40厘米。据有关研究[①]，黑土开垦20年后，土壤有机质含量水平下降30%~40%；开垦40年后有机质下降50%~60%；耕层土壤中的全氮和全磷的储量也下降了30%~60%和16%~24%；还带来了土壤持水量下降、土壤酸化、生物活性降低等问题。目前，60%的东北黑土旱地发生了水土流失，还有水力、风力、冻融等多营力作用的复合侵蚀，使其治理难度较黄土高原、南方红壤丘陵等其他单一营力水蚀区更大；近数十年来，东北黑土区是我国旱地农田土壤有机碳表现出下降趋势的唯一地区。[②]黑土地质量的下降，导致土地产出能力下降。据有关研究，黑土厚度减小与玉米产量下降相关度高，每侵蚀1厘米黑土层，玉米减产123.7千克/公顷。黑土地有机质下降、水肥流失、结构越来越硬，导致化肥越施越多但是粮食不增产，农作物抗灾能力变差，给农业可持续发展带来了挑战。

近年来，国家大力开展黑土地保护工作，各地方积极采取黑土地保护措施和行动，相关实践取得了积极成果。通过开展秸秆还田、少免耕、施用有机肥和畜禽粪便堆沤还田、深翻深松、水肥一体化和节水灌溉等技术措施，试

---

① 韩贵清、杨林章：《东北黑土资源利用现状及发展战略》，中国大地出版社2009年版。

② 王志刚：《充分发挥科技创新在保护利用黑土地中的关键支撑作用》，载《中国科学院院刊》2021年第10期。

点地块的黑土地有机质含量提高，土壤结构得到改善，土壤微生态向好发展，做到了化肥农药减量30%～50%而粮食产量不减。实践证明，通过采取有效措施，能够切实恢复提升黑土地基础地力，保障黑土地永续利用。

（二）维护生态平衡

黑土地是生态系统的一部分，保护黑土地关系到生态平衡。首先，黑土地是天然基因库。每克土壤中含有数百万到数亿个微生物。土壤生物多样性不仅保持着土壤的生态功能，而且参与自然界生命物质循环与转化，对整个地球生物多样性有巨大贡献。研究表明，黑土中营养物质含量较高、适宜大多数微生物生长发育，因此黑土中生物多样性高于其他类型土壤，是天然的基因库。其次，黑土地对调节全球碳平衡起到重要作用。土壤有机碳库是陆地生态系统中最大的有机碳库，是大气碳库储量的2～3倍。土壤与大气间碳的年交换量高达600亿～800亿吨，是每年石油和煤等化石燃料燃烧释放碳量的12～16倍。有研究表明，如果全球土壤有机碳在目前的水平上增加1%，土壤固定的有机碳将增加150亿吨左右。土壤碳库的每一个微小变化都会影响大气二氧化碳的浓度，甚至引起全球气候变化。我国东北典型黑土地位于四季分明的寒温带，植被茂盛、湿地遍布，从海拔、温度、降水量和土壤含水量等任何一个维度衡量都是天然的吸碳宝地。但如果过度开发、用养不平衡，黑土地也会成为碳排放源。

东北黑土区受其所处的地理位置及漫川漫岗地形的影响，易发生水蚀、风蚀、冻融侵蚀和重力侵蚀等。加上多年来对黑土资源进行的高强度开发，以及不合理的经营管理方式和不科学的耕作制度，我国东北黑土资源客观上面临着有机质含量下降、水土流失、土壤退化等问题，黑土地自身生态状况下降。据 2019 年中国水土保持公报数据，东北黑土地水土流失面积为 21.87 万平方公里，占黑土地总面积的 20.11%。受侵蚀影响，东北黑土区土壤养分流失严重，土壤有机碳、氮、磷、钾含量下降。侵蚀沟发育发展，根据全国第一次水利普查成果及有关调查成果，东北黑土地分布长度百米以上的侵蚀沟 29.17 万条，造成耕地破碎化。土壤压实明显，土壤板结、机械阻力增加、理化及生物性状变差，温室气体排放增加，地表径流加剧。由于保护意识不强和受利益驱动，甚至还出现了盗挖滥挖黑土等行为，严重破坏了珍贵的黑土地。黑土地作为生态系统的重要组成部分，其遭到破坏会对整个生态系统造成影响。黑土破坏对生物多样性带来负面影响，农田里蚯蚓等生物难觅踪影；土壤有机质下降带来碳排放增加；水土流失可能带来河道淤积、洪涝灾害加剧、水利设施和道路被破坏、村庄甚至城镇面临威胁等。保护黑土地，保持黑土地自身良好生态环境，能够为维护整个生态平衡作出巨大贡献。

（三）保障国家粮食安全

保障粮食安全是本次立法的出发点，也是立法目的的落脚点。粮食安全是“国之大者”，悠悠万事，吃饭为大。手中有粮、心中不慌。在百年变局和国际形势错综复杂的背景下，粮食和重要农副产品的稳定供给是社会始终保持稳定的基础，是推动经济社会发展行稳致远的保障。

耕地是粮食生产的“命根子”，黑土地是耕地中的“大熊猫”。黑土地是大自然赋予人类得天独厚的稀缺宝贵资源，具有优质性、稀缺性、易被侵蚀性等特点。黑土地的形成需要独特的气候、地形地貌、植被、水文等条件。经历千万年的植被枯荣而在表土层积累出厚厚的有机质，才逐渐形成了黑土地，在自然条件下形成 1 厘米厚的黑土层需要 200 年至 400 年。黑土地土壤性状好、肥力高、水肥气热协调，粮食产量高、品质好。全球黑土带粮食生产状况直接关系着世界粮食安全。北美大平原、东欧大平原、中国东北平原和南美潘帕斯草原黑土地分别享有“世界粮食第一大出口区”“欧洲大粮仓”“中国重要粮仓”和“南美粮仓和肉库”的美誉。东北黑土区是我国重要的粮食生产基地，粮食产量约占全国的四分之一，粮食商品率高，是保障粮食市场供应的重要来源，是保障国家粮食安全的“压舱石”。黑土地在保障粮食安全、保障优质农产品供给上的作用不言而喻。

加强东北黑土地保护，采取综合性治理措施，有利于提升土壤有机质含量，提高黑土地综合生产能力，从而多产粮、产好粮，夯实国家粮食安全基础。

以上三个立法目的相互关联，相互影响。恢复提升黑土地基础地力，为维护好生态平衡作出贡献，生态平衡又有利于恢复提升黑土地基础地力；黑土地基础地力提升了，黑土地生态和周边环境改善了，才能使得黑土地资源可持续利用，切实保障好国家粮食安全。

二、调整范围

【法律原文】

第二条　从事黑土地保护、利用和相关治理、修复等活动，适用本法。本法没有规定的，适用土地管理等有关法律的规定。

本法所称黑土地，是指黑龙江省、吉林省、辽宁省、内蒙古自治区（以下简称四省区）的相关区域范围内具有黑色或者暗黑色腐殖质表土层，性状好、肥力高的耕地。

【法律解读】

本条是关于黑土地保护法调整范围的规定。

法律的调整范围，也称为法律的适用范围、效力范围。法律的空间效力，称为法律适用的地域范围；法律对人、事的效力，即法律对什么主体和什么行为适用。此外，法律适用的时间效力，由本法第三十八条作出规定。本条第一款规定了本法调整的行为范围，第二款对黑土地作了定义。

（一）黑土地的特性

本法所规定的黑土地，是指具有黑色或者暗黑色腐殖质表土层，性状好、肥力高的耕地。

法律要调整特定的权利义务关系，法律概念在其调整范围内有着特定的含义。法律概念与一般通常意义上或者专家学者研究的概念有着紧密联系，但是法律概念的界定要服从于立法目的，服从于规范特定权利义务的需要。本法规定的黑土地有以下几个特点。

一是对黑土地的特性进行了描述。即黑土地具有黑色或者暗黑色腐殖质表土层，性状好、肥力高。土壤一般从下往上依次为基岩层、母质层、沉积层、淋溶层、腐殖质层、地上植被。腐殖质层和地上植被构成了表土层。从农耕角度来说，表土层的厚度、肥力、耕性等特点，决定了其适宜农作物生长的程度。黑土地是在东北地区特殊的气候、地理和植被条件下经历了有机质大量积累过程而形成的，具有黑色或者暗黑色腐殖质表土层，性状好、肥力高，其在开垦前有机质含量高达5%~8%，水稳性微团粒结构，疏松多孔，pH值为6.5~7.0，水肥气热协调，养分水平高，具有高产优质农产品的生产性能。

需要说明的是，这个概念没有列举土壤类型。我国的“黑土”一词最早来自民间，是人们对黑色土壤的称呼，相应的地块称为“黑土地”。20世纪50年代我国土壤工作者开始对黑土的分类进行研究。80年代全国第二次土壤普查确定将黑土归为黑土土类，主要包括黑土、黑钙土、草甸土、白浆土、暗棕壤、棕壤六种土壤。有的土壤工作者认为黑土土类还包括栗钙土等其他黑土类型，有的认为还应当包括水稻土，《国家黑土地保护工程实施方案（2021—2025年）》将水稻土列入了黑土类型之一。从世界范围看，由于对黑土地的土壤类型的认识不同，产生了世界有几片黑土区的分歧。[①] 从实际情况看，各种类型土壤穿插分布，单独将某个类型土壤的土地分割出来不可行，还可能引发落实法律的困难。同时，法律对黑土地的保护，更多是为了维护生态安全、保障国家粮食安全，不仅要考虑土地的自然属性，也要考虑耕作状况和现实需要。从这个立法目的出发，没有必要深究黑土在科学上的类型，应当尽量对优良的黑土地予以保护。

二是本法规定的黑土地为耕地。土地管理法按照土地用途将土地分为农用地、建设用地和未利用地，农用地包括耕地、林地、草地等。保护黑土地，重点是处理好人与黑土地的关系，正确对待保护和利用的关系。当前森林法对林地、草原法对草地、湿地保护法对湿地等进行了规范，并且体现了保护优先、全面保护的原则，依照这些专门法律，能够对属于林地、草地、湿地等用途的黑土地进行很好的保护。耕地是人们种植农作物的土地，其特点就

---

① 窦森、郭聃：《吉林省土壤类型分布与黑土地保护》，载《吉林农业大学学报》2018年第4期。

是利用土地使之满足生产生活需要，不可能通过放弃耕种、放弃利用而保护耕地，不可能采取保护优先的原则；但是要科学合理利用耕地，坚持可持续利用原则，在利用中保护，在保护中利用，要改变掠夺式、粗放式利用，否则耕地质量下降、水土流失等，必然导致其生态遭到破坏，粮食生产能力持续下降，从而失去利用价值。处理好黑土地保护与利用的关系，重点和难点在耕地。作为一部“小快灵”立法产生的法律，本法突出立法针对性、适用性、可操作性，着力保护黑土地中的耕地。

（二）黑土地所涉及的地域范围

本法所称黑土地，涉及的地域范围是黑龙江省、吉林省、辽宁省、内蒙古自治区（以下简称四省区）的相关区域。2017 年，经国务院同意，农业部、国家发展改革委等 6 部门联合印发了《东北黑土地保护规划纲要（2017—2030 年）》，明确：东北平原是世界三大黑土区之一，北起大兴安岭，南至辽宁省南部，西到内蒙古东部的大兴安岭山地边缘，东达乌苏里江和图们江，行政区域涉及辽宁、吉林、黑龙江以及内蒙古东部的部分地区。《国家黑土地保护工程实施方案（2021—2025 年）》同样采用了这个概念。从行政区域看，黑土区的范围涉及黑龙江省、吉林省、辽宁省，以及内蒙古自治区的呼伦贝尔市、兴安盟、通辽市、赤峰市（简称东四盟）。

黑土地涉及的具体地域，要结合黑土地的分布情况来确定。综合法律条文的规定，需要把握以下几点。一是国家统筹确定黑土地保护范围。保护范围的确定主体是国务院有关部门。本法第四条规定，国务院农业农村主管部门会同自然资源、水行政等有关部门，科学合理确定黑土地保护范围并适时调整。二是按照最有利于全面保护、综合治理和系统修复的原则，确定黑土地保护范围。历史上属黑土地的，除确无法修复的外，原则上都应列入黑土地保护范围进行修恢复。这是确定保护范围的总要求。三是注重调查和监测。本法第九条规定了黑土地调查和监测制度，要求建立黑土地档案，建立黑土地质量动态变化数据库。调查和监测是了解黑土层厚度、土壤性状、土壤类型等情况的手段，有助于确定黑土地的具体分布。四是编制黑土地保护规划。本法第十条规定，县级以上人民政府有关部门要制定黑土地保护规划，规划要以调查和监测为基础、体现整体集中连片治理。通过规划，各地要明确黑土地的保护范围。县级黑土地保护规划应当与国土空间规划相衔接，落实到黑土地具体地块，并向社会公布。

《东北黑土地保护规划纲要（2017—2030 年）》指出，根据第二次全国土地调查数据和县域耕地质量调查评价成果，东北典型黑土区耕地面积约 2. 78 亿亩。其中，内蒙古自治区 0. 25 亿亩，辽宁省 0. 28 亿亩，吉林省 0. 69 亿亩，黑龙江省 1.56 亿亩。这里的黑土地是典型黑土区的黑土耕地，所涉及的地域是黑土地占比非常高的地域。按照本法关于“全面保护”“历史上属黑土地的，除确无法修复的外，原则上都应列入黑土地保护范围进行修恢复”的规定，东北的黑土地都要纳入本法的调整范围。具体情况要以土壤普查和土地调查等相关工作为依据。

（三）黑土地保护、利用和相关治理、修复等活动

与本法规定的黑土地相关的土地保护、利用和相关治理、修复等各类活动，都要遵守本法规定。保护、利用、治理、修复，是人与黑土地在长期互动中形成的关系。保护是指采取有效措施保持和维护黑土地的安全稳定，减少可能对黑土地造成负面影响的因素；利用是指人们使用黑土地生产物质产品或者资源环境产品满足生产、生活需要的活动；治理是指采取改变土地不良性状、防止土地退化、恢复和提高土地生产力的措施；修复是指利用物理、化学和生物的方法将遭受破坏的黑土地恢复为可利用的状态，如因非法建设、盗挖滥挖、遭受污染等情形被破坏的黑土地，应当对其加以修复。

（四）本法与土地管理等有关法律的关系

按照立法法规定，全国人大常委会制定的法律，特别规定与一般规定不一致的，适用特别规定。黑土地保护法是一部针对东北地区黑土地中的耕地进行保护的专门法律，属于特别法。土地管理法、水土保持法、土壤污染防治法等法律对耕地管理、水土保持、土壤污染防治等作出了一般规定。本法注意做好与相关法律的衔接，如在土地调查时加强对黑土地的调查、将黑土地保护情况纳入耕地保护责任目标、对相关违法行为加重处罚等；涉及耕地保护的一般性内容，本法不再重复，适用有关法律的一般规定。此外，本法第三十七条规定，林地、草原、湿地、河湖等范围内黑土的保护，适用《中华人民共和国森林法》《中华人民共和国草原法》《中华人民共和国湿地保护法》《中华人民共和国水法》等有关法律。

三、保护政策和保护目标

【法律原文】

第三条 国家实行科学、有效的黑土地保护政策，保障黑土地保护财政投入，综合采取工程、农艺、农机、生物等措施，保护黑土地的优良生产能力，确保黑土地总量不减少、功能不退化、质量有提升、产能可持续。

【法律解读】

本条规定了黑土地保护的总体政策和保护目标。

（一）国家实行科学、有效的黑土地保护政策

国家制定黑土地保护政策，发挥好引导和激励、管理和调控等作用，在黑土地保护中起到十分关键的作用。农业生产经营者在保护黑土地方面往往具有局限性，如注重短期经济效益，忽视长远的土地保护；对黑土地保护利用规律的认识不够，掌握的措施和手段不多，难以获得黑土地保护利用服务和技术；主体众多，决策分散，行动不一致，难以实施农田水利工程、农田防护林建设、侵蚀沟治理等需要协同配合的保护措施。黑土地保护需要社会各方面的共同努力，需要政府发挥整合力量的作用。本法着力构建政府主导、农业生产经营者实施、社会参与的保护机制，政府主导作用体现之一，就是要制定科学、有效的黑土地保护政策。科学，强调政策要符合自然规律和社会规律，符合实际情况。有效，强调政策要切实发挥好正向作用，产生促进黑土地保护的实际政策效果。本法规定政府制定规划、黑土地质量标准、质量提升计划，推广用养结合的黑土地保护措施，建立保护效果导向的激励政策，等等。在这些工作中，要体现好政策的科学性、有效性。

（二）保障黑土地保护财政投入

长期稳定的资金投入是黑土地保护的重要保障。国家的黑土地保护政策，必然要有配套的财政投入才能将政策落实落地。同时，黑土地保护为国家粮食安全、生态安全作出贡献，使得国家受益、人人受益，需要社会各方面的大力支持，需要政府加大财政投入。

本条对保障黑土地保护财政投入提出了总体要求。本法第二十二条、第二十三条进一步规定国家建立健全黑土地保护财政投入保障制度和实行激励政策。一是县级以上人民政府应当将黑土地保护资金纳入本级预算；二是国家加大对黑土地保护措施奖补资金的倾斜力度；三是土地使用权出让收入应当有一部分用于黑土地保护；四是国家组织开展高标准农田、农田水利等建设活动的项目资金安排，应当积极支持黑土地保护；五是建立用养结合、保护效果导向的激励政策，奖励补助农业生产经营者。

（三）综合采取工程、农艺、农机、生物等措施

保护黑土地，需要根据具体地块所处气候条件、地形地貌、土壤状况、植被情况、土地利用状况和退化程度等问题，多措并举，通过工程、农艺、农机、生物等措施开展保护治理。工程措施主要通过建设水利设施、道路等工程而改善土地状况。例如，实施高标准农田建设、小流域综合治理、大中型灌区配套、坡耕地综合整治和东北黑土区侵蚀沟综合治理等项目，配套完善黑土耕地灌排渠系、田间道路、农田输配电设施，便于大型农机作业，提高黑土耕地粮食综合生产能力。进行坡耕地改造，调整田块地表坡降，有效减少土壤被水蚀。农艺措施主要通过种植方式改善土地状况。例如，通过实施粮豆轮作、有机肥还田、农作物秸秆还田等农艺措施，增加土壤有机质含量，改善土壤理化性状。农机措施主要通过采用适当的耕作方式，同时配套适宜的农业机械，达到利用耕地的同时减少对其压实、破坏等。例如，种植、施肥、喷药、收获、秸秆还田、整地等都有多种方式方法，都需要配套相应的农业机械，不同农业机械对耕地的影响也不同，要注重研发、推广和使用对黑土地破坏少的农业机械。生物措施，即通过人工利用和培育动植物、微生物等，达到改良土壤、改善农田生态环境和周边生态环境的目标。

本法第十二条至第十五条分别规定了县级以上人民政府应当采取的措施或者推广的技术，包含了很多工程、农艺、农机、生物等措施。根据黑土地保护实际需要，应当注意将多种措施相结合，以达到最好的黑土地保护效果。

（四）确保黑土地优良生产能力和数量质量

黑土地具有优良生产能力，在同样条件下农产品产量高、品质好。生产能力不同于当前的农产品产出水平，而是反映土地产出潜力。有些黑土地保护措施，短期看对产量有影响，但是可以提升耕地质量，增加耕地生产能力；同样，有些过度利用方式，短期看增加了产量，但是对耕地质量造成了负面影响，减少了耕地生产能力。保护好黑土地，就是保护黑土地的优良生产能力，保持土地能够永续利用，使之长久造福人类。

国家要确保黑土地总量不减少、功能不退化、质量有提升、产能可持续。2019 年修改通过的土地管理法第三十二条规定，省、自治区、直辖市人民政府应当严格执行土地利用总体规划和土地利用年度计划，采取措施，确保本行政区域内耕地总量不减少、质量不降低。2021 年通过的乡村振兴促进法第十四条规定，省、自治区、直辖市人民政府应当采取措施确保耕地总量不减少、质量有提高，进一步提出了耕地质量有提高的要求。黑土地是“耕地中的大熊猫”，保护的要求应当更为严格。综合考虑现有法律规定，本条对黑土地保护目标作出更高要求，不但要确保黑土地总量不减少，而且要确保功能不退化、质量有提升、产能可持续。

四、保护原则、机制和范围

【法律原文】

第四条　黑土地保护应当坚持统筹规划、因地制宜、用养结合、近期目标与远期目标结合、突出重点、综合施策的原则，建立健全政府主导、农业生产经营者实施、社会参与的保护机制。

国务院农业农村主管部门会同自然资源、水行政等有关部门，综合考虑黑土地开垦历史和利用现状，以及黑土层厚度、土壤性状、土壤类型等，按照最有利于全面保护、综合治理和系统修复的原则，科学合理确定黑土地保护范围并适时调整，有计划、分步骤、分类别地推进黑土地保护工作。历史上属黑土地的，除确无法修复的外，原则上都应列入黑土地保护范围进行修恢复。

【法律解读】

本条规定了黑土地保护原则、保护机制和保护范围。

（一）保护原则

黑土地保护应当坚持统筹规划、因地制宜、用养结合、近期目标与远期目标结合、突出重点、综合施策的原则。

统筹规划。规划着眼长远，综合多方面因素，对未来某项工作的长期性、根本性问题进行整体设计，并采取实际行动达到既定目标。黑土地保护坚持统筹规划原则，目的是增强黑土地保护的整体性、系统性，以及保护行动的具体性、可行性，形成工作合力，为实施保护工作提供指导。一是黑土地保护工作要纳入国民经济和社会发展规划。要将黑土地保护作为一项重要经济和社会发展工作加以统筹谋划。二是国土空间规划与黑土地保护规划要相衔接。国土空间规划编制时，应当充分考虑黑土地保护的有关要求。黑土地作为国土空间的组成部分，其保护规划应当与国土空间规划相衔接。三是黑土地保护应当制定规划。本法第十条专门就黑土地保护规划作了规定，通过规划明确保护范围、目标任务、技术模式、保障措施等。

因地制宜。东北四省区黑土地面积分布广阔，情况差别较大，具体保护的措施也不同。应根据黑土地类型、水热条件、地形地貌、耕作模式等差异，科学区分水田、旱地、水浇地等耕地地类，实施差异化治理。本法中“因地制宜”一词出现了七次，体现了突出重视保护措施的适用性和针对性。

用养结合。有的人提出，应该养地在先，不达标准停止种地。本法的目的是保障国家粮食安全。既要改变不良的生产经营方式，也要防止片面追求保护、削弱粮食生产能力和影响农民种粮积极性，促进形成绿色发展方式。因此，应统筹东北黑土区粮食增产、农民增收和黑土地保护之间的关系，调整优化农业结构和生产布局，推广资源节约型、环境友好型技术，促进黑土地在利用中保护、在保护中利用。本法突出用养结合体现在各个条款中，其中第十二条至第十五条强调了利用与养护相结合的具体措施。

近期目标与远期目标结合。在黑土地保护过程中，应处理好近期目标保粮食产量、远期目标促绿色可持续发展的关系。完整、准确、全面贯彻新发展理念，必须着眼长远、尊重规律。既要发挥黑土地的优良生产能力，多产粮食和重要农产品，又要抓紧开展治理修复，让多年来透支的地力得到恢复和提升，还要推广科学的耕作方式，因地制宜开展保护性耕作，把黑土地保护好、利用好。既要保障当代人吃饭，也要为子孙后代着想，真正做到绿色、可持续发展。

突出重点。黑土地保护是系统性工程，必须统筹谋划，分步实施。分阶段推进黑土地保护，应当抓住每个阶段的突出矛盾，确定重点任务和采取的重点保护措施。

综合施策。黑土地保护应当综合运用工程、农艺、农机、生物等措施，确保黑土地保护取得实效。具体某一地块的黑土地保护，往往单项措施难以奏效，必须多措并举才能达到更好的效果。例如，秸秆还田必须有相应配套的农机、农艺措施；防治水土流失，既要有灌排水等农田水利工程，又要有坡耕地、侵蚀沟的水土保持工程；防治风蚀，要建设农田防护林网，也要采取秸秆覆盖免耕等措施。

（二）保护机制

黑土地保护应当建立健全政府主导、农业生产经营者实施、社会参与的保护机制。

政府应当发挥好主导作用，推动和积极引导社会各方面加强黑土地保护。国务院和四省区人民政府加强对黑土地保护工作的领导、组织、协调、监督管理，统筹制定黑土地保护政策。县级以上地方人民政府应当建立有关部门组成的黑土地保护协调机制，加强协调指导，明确工作责任，推动黑土地保护工作落实。县级以上人民政府及其有关部门应当制定黑土地保护规划、采取措施实施或者推广黑土地养护措施。为保障精准施策，县级人民政府的黑土地保护规划要落实到地块；要对本行政区域内的黑土地进行科学分区，因地制宜确定相关措施，制订和组织实施黑土地质量提升计划。乡镇人民政府应当协助组织实施黑土地保护工作，向农业生产经营者推广适宜其所经营耕地的保护、治理、修复和利用措施，督促农业生产经营者履行黑土地保护义务。各级人民政府应当加强黑土地保护宣传教育，提高全社会的黑土地保护意识。

农业生产经营者具体实施黑土地保护措施，是黑土地保护的责任主体，也是直接受益者。农业生产经营者应当珍惜和合理利用黑土地，要积极配合实施好政府推广的黑土地保护措施，同时要提高保护黑土地的自觉性和积极性。国有农场在推动农业农村现代化、推进生态文明建设方面具有重要作用，在黑土地保护中要发挥好示范作用。黑土地保护应当坚持农民主体地位，保护好农民利益，调动农民开展黑土地保护的积极性。

引导社会参与黑土地保护。农村土地发包方应当依法监督承包方保护黑土地。农业投入品生产者、经营者和使用者应当依法对农药、肥料、农用薄膜等农业投入品的包装物、废弃物进行回收以及资源化利用或者无害化处理，防止农业投入品处理不当带来黑土地污染。畜禽养殖者应当科学开展畜禽粪污还田利用，促进黑土地绿色种养循环农业发展。建设项目占用黑土地的，应当剥离耕作层进行黑土再利用。粮食主销区要通过经济合作方式、建立健全跨地区投入机制等，参与黑土地保护。注重发挥市场作用，鼓励社会资本投入黑土地保护活动，引导社会力量参与黑土地保护。

（三）保护范围的确定与调整

黑土地保护范围以黑土分布现状为主要参考，还要综合考虑黑土地开发历史等因素。一是保护范围由国务院农业农村主管部门会同自然资源、水行政等有关部门确定并适时调整，也就是要在国家层面统筹把握，而不是各地自行确定。国务院有关部门应当完善黑土地确定的标准，通过调查和监测等摸清黑土地底数，科学确定黑土地保护范围。二是要综合考虑黑土地开垦历史和利用现状，以及黑土层厚度、土壤性状、土壤类型等。历史上属黑土地的，除确无法修复的外，原则上都应列入黑土地保护范围进行修恢复。三是要按照最有利于全面保护、综合治理和系统修复的原则确定保护范围。全面保护体现了应当保护的都应当尽力保护。综合治理、系统修复，要求从整体性、系统性角度出发确定黑土地保护范围。黑土类型土壤与其他类型土壤往往呈间隔分布，为了体现综合治理、系统修复，这些其他类型的土壤往往也纳入保护规划，统筹考虑采取措施加以保护。四是有计划、分步骤、分类别地推进黑土地保护工作。既要防止“撒胡椒面”，对每块黑土地都平均用力，达不到保护效果，也要防止过度聚焦搞保护“样板”，长期忽视其他黑土地的保护。要有计划、分步骤、分类别地推进黑土地保护工作。五是各地黑土地保护的具体范围，要体现在保护规划上，落实到具体地块。

五、用途管理

【法律原文】

第五条 黑土地应当用于粮食和油料作物、糖料作物、蔬菜等农产品生产。

黑土层深厚、土壤性状良好的黑土地应当按照规定的标准划入永久基本农田，重点用于粮食生产，实行严格保护，确保数量和质量长期稳定。

【法律解读】

本条是关于黑土地用途管理的规定。

（一）国家严格保护耕地

本法规定的黑土地属于耕地，应当遵守土地管理法律法规对耕地管理的有关规定。

按照土地管理法规定，土地分为农用地、建设用地和未利用地；农用地分为耕地、林地、草地、农田水利用地、养殖水面等。第一，国家严格控制耕地转为非耕地。建设占用土地，涉及农用地转为建设用地的，应当依法办理农用地转用审批手续。国家严格控制耕地转为林地、园地等其他类型农用地。第二，要依法利用耕地。禁止占用耕地建窑、建坟或者擅自在耕地上建房、挖砂、采石、采矿、取土等；禁止任何单位和个人闲置、荒芜耕地。

（二）优质黑土地应当按照标准划入永久基本农田

国家实行永久基本农田保护制度，对永久基本农田实行比一般耕地更为严格的保护。永久基本农田经依法划定后，除非国家重点建设项目难以避让并经依法批准的情况，任何单位和个人不得擅自占用或者改变其用途。农村村民建住宅，不得占用永久基本农田。永久基本农田转为建设用地的，需由国务院批准。禁止占用永久基本农田发展林果业和挖塘养鱼。国家建设粮食生产功能区、重要农产品保护区。“两区”（粮食生产功能区和重要农产品生产保护区）范围内的耕地应当划为永久基本农田。

按照土地管理法律法规，国家将粮棉油糖等重要农产品生产基地内的耕地、有良好的水利与水土保持设施的耕地、正在实施改造计划以及可以改造的中低产田和已建成的高标准农田、蔬菜生产基地、农业科研与教学试验田等优质耕地划为永久基本农田。各级人民政府在编制土地利用总体规划时，应当将永久基本农田保护作为规划的一项内容，明确永久基本农田保护的布局安排、数量指标和质量要求；县级和乡（镇）土地利用总体规划应当确定基本农田保护区；省、自治区、直辖市划定的永久基本农田应当占本行政区域内耕地总面积的80%以上，具体数量指标根据全国土地利用总体规划逐级分解下达。

黑土地是耕地中的“大熊猫”，在保障国家粮食安全中具有十分重要地位。为了加强保护，有必要将优质黑土地划入永久基本农田，实行更严格的土地用途管制制度。按照本法规定，在开展国土空间规划等相关工作时，应当按照规定的标准将黑土层深厚、土壤性状良好的黑土耕地优先划为永久基本农田，逐地块上图入库，严格实行特殊保护。

（三）本法对黑土地用途的特殊规定

本法还对黑土地保护用途作了特殊规定。黑土地应当用于粮食和油料作物、糖料作物、蔬菜等农产品生产；划入永久基本农田的黑土地，重点用于粮食生产。

耕地是粮食生产的重要基础，保障国家粮食安全，必须守住耕地这个根基。近年来，党中央、国务院出台了一系列严格耕地保护的政策措施，坚决制止各类耕地“非农化”行为，坚决守住耕地红线；采取举措防止耕地“非粮化”，切实稳定粮食生产，牢牢守住国家粮食安全的生命线。2020 年，国务院办公厅出台了《关于坚决制止耕地“非农化”行为的通知》（国办发明电〔2020〕24 号）、《关于防止耕地“非粮化”稳定粮食生产的意见》（国办发〔2020〕44 号），对耕地用途提出了严格要求。在制止“非农化”方面，提出严禁违规占用耕地绿化造林、严禁超标准建设绿色通道、严禁违规占用耕地挖湖造景、严禁占用永久基本农田扩大自然保护地、严禁违规占用耕地从事非农建设、严禁违法违规批地用地。在防止“非粮化”方面，提出：一是必须处理好发展粮食生产和发挥比较效益的关系，不能单纯以经济效益决定耕地用途，必须将有限的耕地资源优先用于粮食生产。二是要明确耕地利用优先序。严格控制耕地转为林地、园地等其他类型农用地；永久基本农田要重点用于发展粮食生产，特别是保障稻谷、小麦、玉米三大谷物的种植面积；一般耕地应主要用于粮食和棉、油、糖、蔬菜等农产品及饲草饲料生产。三是加强粮食生产功能区监管。各地区要把粮食生产功能区落实到地块，引导种植目标作物，保障粮食种植面积。不得擅自调整粮食生产功能区，不得违规在粮食生产功能区内建设种植和养殖设施，不得违规将粮食生产功能区纳入退耕还林还草范围，不得在粮食生产功能区内超标准建设农田林网。2021年中央一号文件提出，坚决遏制耕地“非农化”、防止“非粮化”；明确耕地利用优先序，永久基本农田重点用于粮食特别是口粮生产，一般耕地主要用于粮食和棉、油、糖、蔬菜等农产品及饲草饲料生产。2022年中央一号文件提出，分类明确耕地用途，严格落实耕地利用优先序，耕地主要用于粮食和棉、油、糖、蔬菜等农产品及饲草饲料生产，永久基本农田重点用于粮食生产，高标准农田原则上全部用于粮食生产。

落实党和国家重大决策部署，发挥好黑土地在保障国家粮食安全方面的“压舱石”作用，与本法保障国家粮食安全的立法目的相适应，结合东北黑土区气候条件等因素和种植传统，本条进一步明确黑土地应当用于粮、油、糖和蔬菜等农产品生产，永久基本农田重点用于粮食生产。

六、政府职责

【法律原文】

第六条 国务院和四省区人民政府加强对黑土地保护工作的领导、组织、协调、监督管理，统筹制定黑土地保护政策。四省区人民政府对本行政区域内的黑土地数量、质量、生态环境负责。

县级以上地方人民政府应当建立农业农村、自然资源、水行政、发展改革、财政、生态环境等有关部门组成的黑土地保护协调机制，加强协调指导，明确工作责任，推动黑土地保护工作落实。

乡镇人民政府应当协助组织实施黑土地保护工作，向农业生产经营者推广适宜其所经营耕地的保护、治理、修复和利用措施，督促农业生产经营者履行黑土地保护义务。

【法律解读】

本条是关于各级人民政府黑土地保护职责的规定。

（一）加强统筹协调

黑土地保护是个系统工程，涉及多方面工作，涉及农业农村、自然资源、水行政、发展改革、财政、生态环境等多个部门。政府做好黑土地保护工作，关键是加强统筹协调，形成工作合力。只有各部门通力合作，各项工作统筹推进，才能形成共同负责、各负其责的工作机制，共同把黑土地保护好。

国务院和省级人民政府要高度重视黑土地保护，加强领导、组织、协调、监督管理，发挥好高层级政府的统筹协调作用。要整体谋划黑土地保护工作，统筹制定黑土地保护政策；要加强对本级政府各有关部门和下级政府黑土地保护工作的领导、组织、协调；要建立有效的监督管理机制，推动黑土地保护工作落到实处。

县级以上地方人民政府要建立有关部门组成的黑土地保护协调机制，发挥好落实黑土地保护政策和组织实施黑土地保护措施的作用。黑土地保护涉及的部门，除本条明确列出的农业农村、自然资源、水行政、发展改革、财政、生态环境部门外，还涉及其他一些部门：加强黑土地保护科技支撑还涉及科技部门，打击盗挖、滥挖和非法买卖黑土等行为还涉及公安、交通运输、市场监督管理部门，农田防护林和黑土地周边环境保护还涉及林草部门，建设项目占用耕地进行黑土剥离还涉及住房和城乡建设部门，等等。协调机制应当加强对黑土地保护工作的协调指导，明确工作责任，推动黑土地保护工作落实。

（二）国务院发挥好顶层设计作用

一是制定规划和计划。2017 年，经国务院同意，农业部、国家发展改革委等 6 部门联合印发了《东北黑土地保护规划纲要（2017—2030 年）》；2021 年，经国务院同意，农业农村部、国家发展改革委等 7 部门联合印发了《国家黑土地保护工程实施方案（2021—2025 年）》，切实推动了黑土地保护工作。本法第十条对制定黑土地保护规划作出了规定。法律实施后，要依法对规划进行梳理对照，切实把法律规定落到实处，必要时对规划加以调整。二是建立东北黑土地保护部际协调及部省联动工作机制。规划纲要指出：农业部会同国家发展改革委、财政部、国土资源部、环境保护部、水利部，加强对东北黑土地保护的工作指导和监督考核，构建上下联动、协同推进的工作机制，确保东北黑土地保护落到实处、取得实效。实施方案提出：推动将黑土地保护利用纳入五级书记抓乡村振兴的内容；建立东北黑土地保护部际协调及部省联动工作机制；中央农办、农业农村部牵头，有关部门参加，统筹落实中央政策，每年底向国务院报告黑土地保护工程实施情况。2022 年 7 月，农业农村部牵头，建立健全了国家黑土地保护工程部际协调机制，进一步明确了成员单位职责分工，协调黑土地保护相关政策，统筹安排年度任务，督促任务落实，跟踪实施效果。三是构建黑土地保护、管理监督体系。按照本法第二十六条的规定，国务院对四省区人民政府黑土地保护责任落实情况进行考核，将黑土地保护情况纳入耕地保护责任目标。国务院应当结合粮食安全省长责任制和省级政府耕地保护目标责任考核，建立黑土地保护考核机制，督促地方政府落实保护责任。国务院有关部门加强对东北黑土地保护的工作指导和监督考核，构建上下联动、协同推进的工作机制，确保东北黑土地保护落到实处、取得实效。

（三）四省区人民政府对本行政区域内的黑土地数量、质量、生态环境负责

四省区人民政府在国务院的统一领导下，充分发挥工作的积极性和主动性，切实做好本行政区域内的黑土地保护工作。一是加强组织领导。四省区人民政府应当切实发挥好领导、组织、协调、监督管理职能，落实好国务院黑土地保护有关规划和计划，根据实际情况制定本行政区域的黑土地保护规划、计划，将黑土地保护任务落实到省级政府有关部门和县级人民政府。二是建立黑土地保护协调机制。依照本法，东北四省区应当建立由政府分管负责同志牵头，有关部门负责同志组成的黑土地保护推进落实机制，加强协调指导，明确工作责任，推进措施落实。三是强化政策扶持。落实法律要求，加大对黑土地保护的支持力度；建立黑土地保护激励政策，调动有关地方和农民保护黑土地的积极性。结合高标准农田建设等现有投入渠道，支持采取工程和技术相结合的综合措施，开展土壤改良、地力培肥、治理修复等。四是强化监督监测。严格落实耕地保护制度，强化地方政府保护黑土地的责任。依法修订完善耕地保护地方性法规、规范，健全耕地质量监测网络，建设黑土地质量数据库。

（四）县级人民政府切实抓好黑土地保护落实工作

县级人民政府在黑土地保护中具有重要作用，关系到黑土地保护政策能否落实落地。县级政府要深入理解和贯彻实施黑土地保护法律法规和上级政府的政策要求，同时要摸清本县域黑土地有关情况，根据实际情况确定黑土地保护的措施，做好宣传、组织推动和调动农民参与等工作。一是应当建立地方政府有关部门组成的黑土地保护协调机制。二是将黑土地保护工作纳入国民经济和社会发展规划，鼓励和支持黑土地保护相关科学技术研究和推广，采取措施加强农田基础设施建设，推广科学的耕作制度，提升黑土地质量，组织开展侵蚀沟治理、农田防护林建设、防沙治沙，组织开展黑土地周边林地、草原、湿地的保护修复。三是对本行政区域内的黑土地进行科学分区，制订并组织实施黑土地质量提升计划，因地制宜合理采取保护、治理、修复和利用的精细化措施。四是领导和指导有关部门制定县级黑土地保护规划、开展土地调查和监测、进行科学技术研究、开展监督检查等。

（五）乡镇人民政府的职责

乡镇人民政府与人民群众的联系最为紧密，对当地黑土地情况最为熟悉，在黑土地保护中发挥着不可或缺的作用。一是，协助组织实施黑土地保护工作。县级人民政府组织开展黑土地保护相关工作，乡镇人民政府应当积极协助，做好宣传、组织等各项工作。二是，向农业生产经营者推广适宜其所经营耕地的保护、治理、修复和利用措施。三是，督促农业生产经营者履行黑土地保护义务，发现不履行黑土地保护义务的行为，及时制止。

七、宣传表彰

【法律原文】

第七条 各级人民政府应当加强黑土地保护宣传教育，提高全社会的黑土地保护意识。

对在黑土地保护工作中做出突出贡献的单位和个人，按照国家有关规定给予表彰和奖励。

【法律解读】

本条是加强宣传提高全社会黑土地保护意识，以及对保护黑土地予以表彰和奖励的规定。

（一）提高全社会黑土地保护意识

黑土地虽然主要分布在四省区，但其产出却体现在全国人民的餐桌上。因此，黑土地保护不仅是国家和四省区的事，也是每个人都应当关注的事。各级人民政府都有责任有义务从保障国家粮食安全、保护中国人的大粮仓、确保中国人饭碗里装的是中国粮等角度出发，加强对黑土地保护的宣传教育。

耕地是保障粮食安全最重要的物质基础。近年来，国家制定或者修改的有关法律，如乡村振兴促进法、土地管理法等，都明确对耕地实行特殊保护。世界四大黑土区中，我国是唯一在国家层面进行专门立法保护黑土地的国家。通过国家立法，提高全民保护黑土地的意识，为实施“长牙齿”的耕地保护硬措施营造了良好社会环境。各级人民政府有关部门可以通过举办法律宣传月（周、日）、媒体深度报道等灵活多样的方式，向社会各类主体大力宣传黑土地保护相关工作。

（二）表彰和奖励

对在黑土地保护工作中做出突出贡献的单位和个人给予表彰和奖励，是对工作努力、贡献突出、成果显著的有关单位和个人的一种肯定，有利于引导社会各方面更加积极、主动地投入黑土地保护相关工作中去，为黑土地保护事业的发展进步作出贡献。

在黑土地保护工作中做出突出贡献的单位和个人主要包括直接从事黑土地保护工作的单位和个人，开展黑土地保护科学研究和提供技术支撑的单位和个人，其他在黑土地保护工作中做出贡献的单位和个人。“做出贡献”的情形主要有：在开展侵蚀沟治理、农田防护林建设、沙化土地治理、肥沃耕层构建、农田生态环境修复等黑土地保护方面做出贡献的；在黑土保育、土壤养分平衡、节水灌溉、旱作农业、保护性耕作、水土流失治理等技术研究中有发明创造的；在推广黑土地保护的科学研究成果方面做出突出成绩和贡献的；在黑土地保护监督管理工作中做出突出成绩和贡献的；同违反本法的行为，特别是与盗挖、滥挖、非法出售黑土等行为进行斗争的；在本法律规范研究、宣传、教育、培训等方面做出突出成绩和贡献的；其他贡献。

按照国家有关规定给予表彰、奖励。表彰、奖励应当按照有关法律、法规、规章、规范性文件的要求进行，不得随意给予，以体现表彰、奖励的官方性、严肃性。除了政府及其有关部门以外的其他单位和个人给予的奖励，不受本条规定条件的限制。目前，《国家科学技术奖励条例》《农业部表彰工作管理办法》《全国农业先进集体和先进个人评选表彰管理办法》等有关法规、规章对表彰、奖励的内容作出了规定，还需要各级政府及有关部门在更多法规、规章、文件中针对黑土地保护有关工作的表彰、奖励作出更加细致、明确的规定。

表彰和奖励的主要方式包括：通报表彰、奖励；颁发奖状、奖牌、奖杯或奖章等；颁发证书；给予荣誉称号；给予奖金或者实物奖励；给予优惠政策；其他表彰、奖励方式。

八、质量标准

【法律原文】

第八条 国务院标准化主管部门和农业农村、自然资源、水行政等主管部门按照职责分工，制定和完善黑土地质量和其他保护标准。

【法律解读】

本条是关于制定完善黑土地保护相关标准的规定。

制定和完善黑土地有关标准，涉及的部门主要有：国务院标准化主管部门和农业农村、自然资源、水行政等主管部门。根据标准化法，国务院标准化行政主管部门统一管理全国标准化工作；国务院有关行政主管部门分工管理本部门、本行业的标准化工作。相关主管部门应当依法履行职责，加强协调配合，制定和完善黑土地质量和其他保护标准。本条强调了国务院有关部门在制定标准方面的职责，目的是强调国家应当加强黑土地保护工作的统筹和领导，为黑土地保护监督、考核等提供统一标准要求，保障将黑土地措施落到实处。按照标准化法，标准是指农业、工业、服务业以及社会事业等领域需要统一的技术要求。

黑土地保护的标准有以下几类：(1) 强制性标准。强制性国家标准由国务院发布或者授权发布。按照法律规定，对保障人身健康和生命财产安全、国家安全、生态环境安全以及满足经济社会管理基本需要的技术要求，应当制定强制性国家标准。例如，土壤污染风险管控标准属于强制性标准。(2) 推荐性国家标准。推荐性国家标准由国务院标准化行政主管部门制定。对满足基础通用、与强制性国家标准配套、对各有关行业起引领作用等需要的技术要求，可以制定推荐性国家标准。(3) 行业标准。行业标准是推荐性标准，由国务院有关行政主管部门制定，报国务院标准化行政主管部门备案。对没有推荐性国家标准、需要在全国某个行业范围内统一的技术要求，可以制定行业标准。(4) 地方标准。地方根据当地自然条件等因素，可以依法制定地方标准。地方标准属于推荐性标准。地方标准应当依法报国务院标准化主管部门备案，并由国务院标准化主管部门通报有关行政管理部门。

为了加强黑土地保护，应当积极制定和完善黑土地质量和其他保护标准。当前依据土地管理法、土壤污染防治法、《基本农田保护条例》等相关法律法规，国家制定了耕地方面的多项标准，这些标准也适用于黑土地保护。根据黑土地保护的实际情况，还应当有针对性地完善标准体系。例如，完善黑土地认定标准，用于确定黑土地保护范围；完善永久基本农田划定技术标准等，用于指导黑土耕地划入相关保护范围；制定完善耕地质量建设、监测、评价标准等，增加指导黑土耕地质量提升的标准；完善农田工程建设相关标准，用于指导黑土区耕地基础设施建设；完善农田灌溉水质、农业投入品用量、土壤环境质量等标准，用于防止黑土耕地污染等；制定黑土地水土保持工程相关技术标准，用于指导水土流失治理等工作。

九、调查监测

【法律原文】

第九条 国家建立健全黑土地调查和监测制度。

县级以上人民政府自然资源主管部门会同有关部门开展土地调查时，同步开展黑土地类型、分布、数量、质量、保护和利用状况等情况的调查，建立黑土地档案。

国务院农业农村、水行政等主管部门会同四省区人民政府建立健全黑土地质量监测网络，加强对黑土地土壤性状、黑土层厚度、水蚀、风蚀等情况的常态化监测，建立黑土地质量动态变化数据库，并做好信息共享工作。

【法律解读】

本条是关于黑土地调查和监测制度的规定。

（一）土地调查制度

土地管理法第二十六条规定，“国家建立土地调查制度”。《土地管理法实施条例》第四条明确了土地调查的内容，包括土地权属以及变化情况、土地利用现状以及变化情况和土地条件。《土地调查条例》对开展土地调查作了全面规范。

土地调查是对土地自然属性和社会属性及其变化情况进行的调查、监测、统计、分析的活动，包括下列内容：土地利用现状及变化情况，包括地类、位置、面积、分布等状况；土地权属及变化情况，包括土地的所有权和使用权状况；土地条件，包括土地的自然条件、社会经济条件等状况。进行土地利用现状及变化情况调查时，应当重点调查基本农田现状及变化情况，包括基本农田的数量、分布和保护状况。土地调查的目的，是全面查清土地资源和利用状况，掌握真实准确的土地基础数据，为科学规划、合理利用、有效保护土地资源，实施最严格的耕地保护制度，加强和改善宏观调控提供依据，促进经济社会全面协调可持续发展。

土地调查工作按照全国统一领导、部门分工协作、地方分级负责、各方共同参与的原则组织实施。县级以上人民政府自然资源主管部门会同同级有关部门进行土地调查。土地所有者或者使用者应当配合调查，并提供有关资料。

全国土地调查成果，报国务院批准后向社会公布。地方土地调查成果，经本级人民政府审核，报上一级人民政府批准后向社会公布。全国土地调查成果公布后，县级以上地方人民政府方可自上而下逐级依次公布本行政区域的土地调查成果。土地调查成果是编制国土空间规划以及自然资源管理、保护和利用的重要依据。

（二）土地监测制度

土地监测是及时掌握土地数量、质量、生态等变化情况的基础工作，为保护和合理利用土地、自然灾害防治、农作物产量预测等提供数据支撑。当前，我国多部法律对土地监测作出了规定。农业法第五十七条规定，发展农业和农村经济必须合理利用和保护土地、水、森林、草原、野生动植物等自然资源，县级以上人民政府应当建立农业资源监测制度。第五十八条第二款规定，县级以上人民政府农业行政主管部门应当采取措施，支持农民和农业生产经营组织加强耕地质量建设，并对耕地质量进行定期监测。水土保持法第四十条明确，县级以上人民政府水行政主管部门应当加强水土保持监测工作，国务院水行政主管部门应当完善全国水土保持监测网络，对全国水土流失进行动态监测。土地管理法第二十九条规定，“国家建立全国土地管理信息系统，对土地利用状况进行动态监测”。

2016 年农业农村部门发布了《耕地质量调查监测与评价办法》，通过定点调查、田间试验、样品采集、检测化验、数据分析等工作，对耕地土壤理化性状、养分状况等质量变化开展动态监测。近年来，农业农村部建立了一定覆盖度的耕地质量长期定位监测点，监测点按照每10万亩左右设置1个，配合临时调查点，健全耕地质量监测网络。目前全国已设置监测点约2.8万个，其中国家级1347个。通过定点调查、田间试验、样品采集、检测化验、数据分析等，对耕地土层厚度、土壤理化性状、养分状况及耕地利用等情况开展动态监测，建立耕地质量动态变化数据库。

（三）加强黑土地调查和监测

本法规定国家建立健全黑土地调查和监测制度。对此，要把握以下几点：一是开展土地调查时同步开展黑土地调查。开展土地调查，要将黑土地调查统一部署，并作为重点工作内容。这样规定，主要是与土地管理法律法规相衔接，避免重复开展调查，整合各方面工作力量，便于形成统一数据库。二是加强黑土地调查和监测。一般的土地调查包括地类、位置、面积、分布、土地权属等；黑土地调查要在此基础上增加必要的调查内容，突出对保护和利用状况的调查。一般的耕地监测内容是土壤理化性状、养分状况等，黑土地监测要在此基础上增加必要的监测指标，突出对土壤性状、黑土层厚度、水蚀、风蚀等情况的监测。加强黑土地调查和监测的目的，是为编制黑土地保护规划、采取有针对性措施保护黑土地等提供基础支撑，保障法律规定得到切实落实。三是国务院各部门和四省区人民政府要协调配合开展工作。国务院和四省区人民政府，以及自然资源、农业农村、水行政等主管部门在黑土地调查和监测中应当认真履行职责，加强协调配合，共同开展好黑土地调查和监测工作。四是要建立黑土地档案和黑土地质量动态变化数据库，并做好信息共享工作。建立档案和数据库，有利于掌握黑土地数量、质量变化情况，指导黑土地保护和利用实践。信息共享，有利于整合资源，避免信息碎片化，为作出科学决策提供依据。

自 2015 年开始，农业农村部门结合实施东北黑土地保护利用试点，在项目区建立 170 多个标准化耕地质量长期定位监测点，采集土样 1.8 万个。依靠监测数据，组织专家对东北黑土地保护利用试点项目区耕地质量变化情况进行了系统分析和全面评价。今后各级人民政府应当进一步加强黑土地调查和监测，为黑土地保护提供基础数据支撑。

十、制定规划

【法律原文】

第十条　县级以上人民政府应当将黑土地保护工作纳入国民经济和社会发展规划。

国土空间规划应当充分考虑保护黑土地及其周边生态环境，合理布局各类用途土地，以利于黑土地水蚀、风蚀等的预防和治理。

县级以上人民政府农业农村主管部门会同有关部门以调查和监测为基础、体现整体集中连片治理，编制黑土地保护规划，明确保护范围、目标任务、技术模式、保障措施等，遏制黑土地退化趋势，提升黑土地质量，改善黑土地生态环境。县级黑土地保护规划应当与国土空间规划相衔接，落实到黑土地具体地块，并向社会公布。

【法律解读】

本条是关于黑土地保护规划的规定。

（一）黑土地保护纳入国民经济和社会发展规划

县级以上人民政府编制的国民经济和社会发展规划，即国家层面的中华人民共和国国民经济和社会发展五年规划纲要，以及地方层面省级、市县级人民政府编制的当地国民经济和社会发展五年规划纲要。国民经济和社会发展规划是关于经济、社会发展的总体纲要，统筹安排和指导全国或某一地区的社会、经济、文化建设工作。中华人民共和国国民经济和社会发展五年规划纲要是社会主义现代化战略在规划期内的阶段性部署和安排，是政府履行职责的重要依据，居于规划体系最上位，是其他各级各类规划的总遵循。省级规划、市县级规划依据国家发展规划制定，是当地国民经济和社会发展的规划蓝图、总体部署和行动纲领。

黑土地保护关系到国家粮食安全、生态安全，是事关经济社会可持续发展的重要问题。将黑土地保护纳入国民经济和社会发展规划，提供了立足国家发展规划保护黑土地的根本指引，能够加强黑土地保护的顶层设计和规划引领，确立黑土地保护的指导思想、任务目标等，引导全社会各方面共同参与黑土地保护。按照本条法律规定，中华人民共和国国民经济和社会发展五年规划纲要，四省区以及黑土地保护所涉及市县旗的国民经济和社会发展五年规划纲要，都应当将黑土地保护纳入。

2021年3月十三届全国人大第四次会议通过了《中华人民共和国国民经济和社会发展第十四个五年规划和2035年远景目标纲要》，将黑土地保护纳入增强农业综合生产能力的重要内容，明确提出“实施黑土地保护工程，加强东北黑土地保护和地力恢复”。四省区制定的第十四个五年规划，也都体现了保护黑土地的内容。

（二）国土空间规划应当充分考虑黑土地保护

国土空间规划是对一定区域国土空间开发保护在空间和时间上作出的安排。2019年5月，《中共中央、国务院关于建立国土空间规划体系并监督实施的若干意见》对国土空间规划的编制提出了要求。2019年8月十三届全国人大常委会第十二次会议审议通过的土地管理法修正案，新增关于国土空间规划的内容，其中第十八条规定：“国家建立国土空间规划体系。编制国土空间规划应当坚持生态优先，绿色、可持续发展，科学有序统筹安排生态、农业、城镇等功能空间，优化国土空间结构和布局，提升国土空间开发、保护的质量和效率。经依法批准的国土空间规划是各类开发、保护、建设活动的基本依据。已经编制国土空间规划的，不再编制土地利用总体规划和城乡规划。”国土空间规划体系，是将主体功能区规划、土地利用规划、城乡规划等空间规划融合为统一的国土空间规划，解决过去存在的规划类型过多、内容重叠冲突，审批流程复杂、周期过长，地方规划朝令夕改等问题，实现“多规合一”，强化国土空间规划对各专项规划的指导约束作用。

国土空间规划包括总体规划、详细规划和相关专项规划。国家、省、市县编制国土空间总体规划，各地结合实际编制乡镇国土空间规划。相关专项规划是指在特定区域（流域）、特定领域，为体现特定功能，对空间开发保护利用作出的专门安排，是涉及空间利用的专项规划。国土空间总体规划是详细规划的依据、相关专项规划的基础；相关专项规划要相互协同，并与详细规划做好衔接。

编制国土空间规划要处理好与其他相关规划之间的关系。一是处理好与国民经济和社会发展规划的关系，要强化国民经济和社会发展规划的统领作用，国土空间规划要服务于国民经济和社会发展规划，为国民经济和社会发展规划落地实施提供空间保障。二是原则上涉及国土空间方面的规划，都应当纳入国土空间规划。已有的空间方面的规划，在编制国土空间规划时要加以整合，防止出现重叠和遗漏；不在国土空间规划体系之外另设其他国土空间规划。三是处理好与专项规划的关系。国土空间规划要统筹和综合平衡各相关专项领域的空间需求。空间各专项规划要遵循国土空间总体规划，不得违背总体规划强制性内容。

黑土地分布在一定的国土空间上。国土空间规划应当充分体现黑土地的空间分布，作为耕地将其加以保护，保障黑土地用于农业生产，严格限制农用地转为建设用地，控制建设用地总量。国土空间规划还要考虑黑土地周边空间，如林地、草地、湿地、城镇、交通、水利等空间的合理布局。山水林田湖草是一个生命共同体。体现山水林田湖草沙系统治理，才能更好预防和治理黑土地水蚀、风蚀等灾害，协同推进黑土地保护。

（三）编制黑土地保护规划

本条第三款对编制黑土地保护规划作出了规定。

在编制原则上，要以调查和监测为基础、体现整体集中连片治理。本法第九条规定了黑土地调查和监测。通过调查和监测掌握的黑土地地类、位置、面积、分布、土地权属保护和利用状况等，能够确定黑土地空间分布以及数量、质量、生态等实际情况，为编制黑土地保护规划提供了科学依据。黑土地类的地块往往呈现条状或者块状分布，与其他土壤类型的耕地间隔分布或者紧密相连，同一个县、同一个乡、同一个村屯甚至同一地块都有不同类型土壤。如果实施碎片化保护，不仅增加了规划编制、保护措施落实等方面的难度，带来村挨村、地挨地且违法行为相同处罚却不一致等问题，而且不符合规律，难以达成好的保护效果。本法强调黑土地保护要强调集中连片治理，黑土分布情况达到要求的集中连片耕地，都应当纳入黑土地保护规划。

黑土地保护范围，是黑土地的空间分布范围。要以调查和监测为基础、体现集中连片治理，同时要综合考虑黑土地开垦历史和利用现状等因素，按照最有利于全面保护、综合治理和系统修复的原则，科学合理确定保护范围。县级黑土地保护规划应与国土空间规划相衔接，落实到具体地块，并且向社会公布。这样可以使得黑土地保护范围十分明晰，便于政府、农业生产经营者和社会各方面遵法、守法、执法。

保护规划应当明确黑土地保护的目标任务、技术模式、保障措施等，并且要体现遏制黑土地退化趋势、提升黑土地质量、改善黑土地生态环境等保护目标。要有计划、分步骤、分类别地推进黑土地保护工作的要求，确定黑土地保护数量、质量、生态等方面指标体系。规划要科学合理确定黑土地保护技术模式和保障措施，体现因地制宜、协同治理等要求。

黑土地保护规划由县级以上人民政府农业农村主管部门会同有关部门编制。国务院层面要编制国家黑土地保护规划，加强对黑土地保护的顶层设计、统筹指导、支持引导。四省区和有关市县人民政府农业农村主管部门会同有关部门，编制本行政区域的黑土地保护规划。地方制定的黑土地保护规划应当符合地方实际、突出地方特色。上下级规划应当相互协调、统筹衔接，下位规划服从上位规划，上下形成合力，共同保护好黑土地。

十一、科技支撑

【法律原文】

第十一条 国家采取措施加强黑土地保护的科技支撑能力建设，将黑土地保护、治理、修复和利用的科技创新作为重点支持领域；鼓励高等学校、科研机构和农业技术推广机构等协同开展科技攻关。县级以上人民政府应当鼓励和支持水土保持、防风固沙、土壤改良、地力培肥、生态保护等科学研究和科研成果推广应用。

有关耕地质量监测保护和农业技术推广机构应当对农业生产经营者保护黑土地进行技术培训、提供指导服务。

国家鼓励企业、高等学校、职业学校、科研机构、科学技术社会团体、农民专业合作社、农业社会化服务组织、农业科技人员等开展黑土地保护相关技术服务。

国家支持开展黑土地保护国际合作与交流。

【法律解读】

本条是关于加强黑土地保护科技支撑的规定。

（一）科学技术为用好养好黑土地提供重要支撑

本法突出强调黑土地保护科技支撑，本条是对科技支撑的总体规定。除本条外，本法第九条强调黑土地调查和监测，为制定规划以及确定保护范围、技术模式等提供依据；第三条强调综合采取工程、农艺、农机、生物等措施，并在第十二条至第十五条分别规定了农田基础设施建设、提升土壤质量、加强环境治理等方面的关键措施；第十六条专门规定县级人民政府应当对本行政区域内的黑土地进行科学分区，因地制宜采取具体措施。

科学技术是第一生产力，要从根本上解决黑土地保护利用问题，必须向科技创新要方法、要答案。黑土地是自然资源，也是生态系统的重要组成部分。土壤、水分、阳光等因素与植物、动物、微生物等密切相关，相互影响，相互作用，存在相生相克的自然规律。在黑土地上的农业生产经营活动，是以利用自然规律为基础的人类生产经营活动。正确认识和恰当运用自然规律，黑土地能够长期持续回报人类，藐视或者违背自然规律，黑土地将难以长期造福人类，甚至惩罚人类。黑土地分布广阔，不同地域积温、降雨、蒸发、风力等条件不同，需要采取的技术措施也不同。必须重视科学技术，发现自然规律，尊重自然规律，注重因地制宜，采用科学手段保护和利用好黑土地。

《国家黑土地保护工程实施方案（2021—2025年）》提出，通过中央财政科技计划（专项、基金等）支持黑土地保护利用技术。将黑土地保护利用科技创新内容纳入“十四五”科技发展规划，突破黑土地保护和作物丰产高效协同技术瓶颈。组建由土壤、水利、生态保护、农业等领域专家组成的黑土地保护技术指导专家团队，统筹设计黑土区高标准农田建设、林网配套、水利设施、侵蚀治理、耕作层培育等方案，协同推进耕地质量、数量、生态“三位一体”保护。联合中国科学院、中国农业科学院、中国农业大学及东北四省（区）相关科研教育机构，立足黑土区立地条件及气候特点，研究探索适宜品种、种植制度、田间管理、农机装备等产品技术装备配套，研发推广一批适用新技术、新产品、新装备。省级推广部门做好技术推广落地。

当前，我国黑土地科技创新已经具备一定基础。一是国家大力支持黑土地保护和利用科技创新。黑土地保护规划纲要、黑土地保护工程等，明确提出了一批国家重点支持的科研创新方向。二是探索了一批黑土地保护模式。例如，“梨树模式”“龙江模式”等保护模式取得了积极成效，逐步为农业生产经营者认可、使用。三是黑土地监测站点初步形成网络。

（二）强化面向黑土地保护利用的科技攻关

从政策导向上，国家要采取措施加强黑土地保护的科技支撑能力建设，将黑土地保护、治理、修复和利用的科技创新作为重点支持领域。黑土地保护利用事关生态安全、粮食安全，具有公益性、基础性、长期性。国家制订相关科技计划，优化科技资源配置，要将黑土地保护及利用技术研究和创新作为重要方面纳入，给予积极政策引导和资金支持。

国家鼓励开展黑土地保护协同攻关。要加强部门协同、部省联动、区域协同，统筹推动政策、项目、基地、人才、资金一体化配置。支持建设黑土地保护利用国家重点实验室、国家野外观测台站、国家技术创新中心和国家农业高新技术产业示范区，突出多学科交叉融合，强化科技成果转化示范。要加强高等学校、科研机构和农业技术推广机构等之间的联合协作，发挥各自优势，保障科研与应用相结合，提升科研供给水平。推动科技资源共享，形成工作合力。

科研创新要抓住黑土地保护和利用的关键技术。黑土地保护科技创新，要坚持问题导向和需求导向，找准黑土地保护利用亟待解决的科学问题和技术难题，突出解决黑土地土壤侵蚀严重、有机质衰减、耕层板结硬化、生态功能退化等难题，大力研发新技术、新品种、新装备、新产品，不断提高劳动生产率、土地产出率和资源利用率，实现黑土地的土壤改良、产能提高和持续利用。水土保持、防风固沙、土壤改良、地力培肥、生态保护等科学技术，对于防范风蚀、水蚀、冻融侵蚀，促进黑土地水肥气热协调，提升土壤有机质和改善土壤结构等十分重要。体现用养结合的黑土地保护原则，要兼顾地力和产能，加强黑土地地力和产能协同提升的相关科学研究。本法强调县级以上人民政府应当鼓励和支持相关科学研究和科研成果推广应用。

（三）强化面向黑土地保护利用的科技推广和应用

黑土地保护、治理、修复和利用是一项系统工程，既需要科技力量形成有针对性的措施，更需要技术推广机构将技术措施推广到千家万户。要通过试验、示范、培训、指导以及咨询服务等方式，把相关科研成果运用到农业生产中去，真正为黑土地保护利用发挥作用。

县级以上人民政府应当积极推广黑土地保护和利用技术。要鼓励和支持水土保持、防风固沙、土壤改良、地力培肥、生态保护等方面的科技成果推广应用。要落实本法关于加强农田基础设施建设、提高黑土地质量、预防和治理水土流失、防护林建设、黑土地周边环境治理的规定，发挥好宣传、组织、推动等作用，保障黑土地保护措施落地。

有关耕地质量监测保护和农业技术推广机构应当对农业生产经营者保护黑土地进行技术培训、提供指导服务。通过开展耕地土壤改良、地力培肥、治理修复等技术产品的试验示范、效果评价、技术指导与培训等服务，让农业生产经营者认识黑土地保护利用的意义，了解掌握黑土地保护利用的技术措施，收获黑土地保护利用带来的效益，使他们能够自觉自愿承担起黑土地保护利用的义务，履行黑土地保护利用的责任。

国家鼓励企业、高等学校、职业学校、科研机构、科学技术社会团体、农民专业合作社、农业社会化服务组织、农业科技人员等开展黑土地保护相关技术服务。相关企业、机构和人员可以充分发挥各自优势，积极探索适宜的服务模式，提升黑土地保护和利用水平。

（四）国家支持开展黑土地保护国际合作与交流

加强黑土地保护领域的对外合作与交流，是我国农业对外合作的重要组成部分，是统筹利用国际国内两个市场、两种资源、两类规则的必然要求，是提升我国农业国际竞争力的重要途径。当前世界上有四块黑土区，除我国东北黑土区外，另外三块分别是乌克兰和俄罗斯大平原、北美洲的密西西比河流域、南美洲的潘帕斯大草原。四块黑土区的地理、气候等条件有所差异，但是在保护和利用上有着不少共同问题。在四块黑土区开发利用的长期实践中，既有应当充分吸取的教训也有可供借鉴的经验。加强黑土地保护利用国际合作与交流，有利于我们学习借鉴国外经验，有利于向世界介绍中国保护和利用黑土地的成功经验，有利于共同探索黑土地保护和利用的有效途径，使得黑土地能够长久造福全人类。

十二、农田基础设施建设

【法律原文】

第十二条 县级以上人民政府应当采取以下措施加强黑土地农田基础设施建设：

（一）加强农田水利工程建设，完善水田、旱地灌排体系；

（二）加强田块整治，修复沟毁耕地，合理划分适宜耕作田块；

（三）加强坡耕地、侵蚀沟水土保持工程建设；

（四）合理规划修建机耕路、生产路；

（五）建设农田防护林网；

（六）其他黑土地保护措施。

【法律解读】

本条是关于加强黑土地农田基础设施建设措施的规定。

（一）农田基础设施建设对黑土地保护的重要意义

本法第三条强调保护黑土地应当综合采取措施，工程措施是其中的重要内容。本条对此作出了具体规定。

农田基础设施建设是为利用和改造自然、发展农业生产、实现稳产高产，在土地上采取工程措施对农田进行改造和建设，兴建能够长期发挥效益的设施。

加强黑土地农田基础设施建设，是解决黑土地面临的突出问题的需要。农田水利建设、水土保持工程、田块整治等措施，能够调节地区水情，发展灌溉和排水，改善农田水分状况，防范黑土地被水蚀。农田防护林网等措施，能够较好防范黑土地被风蚀。农田基础设施建设不但可以防范黑土地被水蚀、风蚀，而且有利于预防和治理黑土地的旱、涝、盐、碱等灾害，增强农田防灾抗灾减灾能力，从而巩固和提升农业综合生产能力。

（二）县级以上人民政府应当发挥好主导作用

本条规定强调县级以上人民政府在加强黑土地农田基础设施建设中的主导作用。农田水利工程、田块整治、水土保持工程、田间道路、农田防护林网建设等，涉及的区域范围很大，与千家万户和多种农业生产经营者相关，需要的资金较大，需要县级以上人民政府加强规划、组织发动等主导作用，解决一家一户难以完成的黑土地保护难题。

对于政府推动的农田基础设施建设活动，农业生产经营者应当积极响应、参与和配合，齐心协力为黑土地保护作出努力。农田基础设施建设好了，耕地抗灾能力强、稳产丰产有保障，最终还是农业生产经营者受益。

（三）农田基础设施建设的主要内容

我国高度重视通过基础设施建设改善农业生产条件，增强农田防灾抗灾减灾能力，巩固和提升粮食综合生产能力，推动农业生产方式转型升级，改善农田生态环境。2013 年制定的《全国高标准农田建设总体规划》，明确到 2020 年建成集中连片、旱涝保收的高标准农田 8 亿亩，亩均粮食综合生产能力提高 100 公斤以上。其中，“十二五”期间建成 4 亿亩。建成的高标准农田集中连片，田块平整，配套水、电、路设施完善，耕地质量和地力等级提高，科技服务能力得到加强，生态修复能力得到提升。在 2013 年制定的《全国高标准农田建设总体规划》和“十二五”时期以来各地实践的基础上，2021 年编制了《全国高标准农田建设规划（2021—2030 年）》，确定了分阶段实现 2030 年累计建成 12 亿亩高标准农田，累计改造提升 2.8 亿亩高标准农田的目标。

高标准农田建设主要涉及田、土、水、路、林、电、技、管 8 个方面目标。1. 田。通过合理归并和平整土地、坡耕地田坎修筑，实现田块规模适度、集中连片、田面平整，耕作层厚度适宜，山地丘陵区梯田化率提高。2. 土。通过培肥改良，实现土壤通透性能好、保水保肥能力强、酸碱平衡、有机质和营养元素丰富，着力提高耕地内在质量和产出能力。3. 水。通过加强田间灌排设施建设和推进高效节水灌溉等，增加有效灌溉面积，提高灌溉保证率、用水效率和农田防洪排涝标准，实现旱涝保收。4. 路。通过田间道（机耕路）和生产路建设、桥涵配套，合理增加路面宽度，提高道路的荷载标准和通达度，满足农机作业、生产物流要求。5. 林。通过农田林网、岸坡防护、沟道治理等农田防护和生态环境保护工程建设，改善农田生态环境，提高农田防御风沙灾害和防止水土流失能力。6. 电。通过完善农田电网、配套相应的输配电设施，满足农田设施用电需求，降低农业生产成本，提高农业生产的效率和效益。7. 技。通过工程措施与农艺技术相结合，推广数字农业、良种良法、病虫害绿色防控、节水节肥减药等技术，提高农田可持续利用水平和综合生产能力。8. 管。通过上图入库和全程管理，落实建后管护主体和责任、管护资金，完善管护机制，确保建成的工程设施在设计使用年限内正常运行、高标准农田用途不改变、质量有提高。

国家开展高标准农田建设，应当优先安排黑土地相关项目，适应黑土地保护和利用的需要。本条规定的黑土地农田基础设施建设的内容，结合了我国长期以来开展农田基础设施建设的实践和黑土地保护的实际需要，突出强调了以下内容。

一是加强农田水利工程建设，完善水田、旱地灌排体系。既要加强水田的农田水利工程，也要加强旱地的农田水利工程；既要重视灌溉，也要重视排涝。通过建设灌排设施，有效控制降雨带来的地表径流，预防造成水蚀和农田积水，防止暴雨冲毁农田，做到防水蚀、旱能浇、涝能排。

二是加强田块整治。通过填埋排水管道、客土回填、挖高填低等措施修复沟毁耕地，可以防止侵蚀沟进一步发育发展，也可以解决耕地碎片化问题，使得耕地集中连片便于农耕。耕作田块是基本的耕作和管理单位，其规模、长度、宽度、方向、形状等配置，直接影响到田间灌排体系、田间道路、农田防护林种植、机耕效率等。要根据黑土地实际情况，统筹考虑保护和利用的需要，合理划分适宜耕作田块。

三是加强水土保持工程建设。分布在山坡上地面平整度差的坡耕地，跑水跑肥跑土突出，最容易被水蚀和水土流失，农田耕作投入成本高而作物产量低。要通过截流沟、横坡种植、植物篱等措施加强蓄水保土。在缓坡黑土地上，水蚀所造成的侵蚀沟造成大量的水土流失。尤其是在降雨多的季节，侵蚀沟可以发展得很快，使地形遭受强烈的分割，严重破坏和蚕食耕地。侵蚀沟往往有沟头、沟沿、沟底及其上的水路、沟坡、沟口和冲积扇（冲积圆锥）等部分，一条侵蚀沟总是和一定的水文网或其他侵蚀沟相联，形成树枝状分布的侵蚀沟系统。治理侵蚀沟必须统筹考虑，源头治理，加强水土保持工程建设。要加强江河源头区水源涵养，加强以小流域为单元的综合治理，合理修筑水沟、排洪沟等坡面水系工程和固防、沟头防护等沟道治理工程，配套农田林网，形成完善的坡面和沟道防护体系，控制水土流失。推广生物篱带种植、横向打垄等高种植等坡耕地防治措施，推进水土流失的综合治理。

四是合理规划修建机耕路、生产路。与合理划分适宜耕作田块相配套，统筹考虑农业物资运输、机械化耕作等农业生产活动、种植农田防护林、农田水利建设等因素，合理规划修建机耕路、生产路。

五是建设农田防护林网。结合干沟（渠）和道路设计，配套建设和修复农田防护林网。

（四）农田基础设施建设要因地制宜

地势高低、农田平整程度、周边山峦河流的分布，以及光照、温度、刮风、降雨等气候状况，对农田基础设施建设的要求也不同，要根据实际情况采取适宜措施，有针对性地解决突出问题，提高工作质量和效果。例如，在农田水利建设方面，地势高、比较平坦的耕地，主要应解决灌溉问题；地势低或者高低不平的耕地，主要应解决排水问题；坡耕地主要应解决水土流失问题；等等。本条所列举的，是实践证明切实有效的农田基础设施建设措施。随着科技发展和耕种实践证明有效的其他工程性措施，也要及时总结经验并用于黑土地的保护。根据实际情况，各地可以采取单项措施，鼓励综合采取多项措施。

十三、推广科学耕作制度

【法律原文】

第十三条　县级以上人民政府应当推广科学的耕作制度，采取以下措施提高黑土地质量：

（一）因地制宜实行轮作等用地养地相结合的种植制度，按照国家有关规定推广适度休耕；

（二）因地制宜推广免（少）耕、深松等保护性耕作技术，推广适宜的农业机械；

（三）因地制宜推广秸秆覆盖、粉碎深（翻）埋、过腹转化等还田方式；

（四）组织实施测土配方施肥，科学减少化肥施用量，鼓励增施有机肥料，推广土壤生物改良等技术；

（五）推广生物技术或者生物制剂防治病虫害等绿色防控技术，科学减少化学农药、除草剂使用量，合理使用农用薄膜等农业生产资料；

（六）其他黑土地质量提升措施。

【法律解读】

本条是关于推广科学耕作制度，提高黑土地质量的规定。

（一）科学耕作制度对黑土地保护的重要意义

本法第三条强调保护黑土地应当综合采取措施，农艺、农机、生物等措施是重要内容。科学的耕作制度是农艺、农机、生物，以及与此相关的化肥、农药等投入品使用的综合体现，本条对这些内容作出了具体规定。

耕作制度，又称农作制度，是指一个地区或生产单位的农作物种植制度以及与之相适应的养地制度的综合技术体系。种植制度是作物组成配置、熟制和种植方式的总称，包括种什么、种哪里、种多少，即作物布局的问题；一年种一茬还是几茬、哪个时候不种或全年不种，即复种休闲问题；采用什么样的种植方式，即单作、间作、混作、套作或移栽、轮作和连作问题。养地制度是与种植制度相适应的、以提高土壤生产力为目标的技术措施，包括农田基本建设、土壤培肥、水肥管理、土壤耕作以及农田保护等。

耕作制度对黑土地质量产生重要影响。高强度的掠夺式经营，必然带来黑土地有机质含量下降、土壤结构变差、土壤微生态恶化等问题。黑土地“变硬、变薄、变瘦”，部分是因为地理条件、气候等外部自然环境，更重要的是不科学耕作制度等人为因素。建立科学耕作制度，注重养地用地相结合，才能稳定当前粮食生产能力，保护养护长期土地综合生产能力，以可持续发展理念保障黑土地永久造福人类。

（二）县级以上人民政府应当积极推广科学耕作制度

本条规定强调县级以上人民政府应当加强对科学耕作制度的推广。千家万户的农业生产经营者，往往获得新技术的途径少，受传统思想和习惯耕种方式影响对新技术接受速度慢。要通过积极的宣传推广，让农业生产经营者了解和掌握新技术，切实体会到用地养地相结合的新技术带来的效果和效益，增强主动采用新技术的积极性。一些技术，如生物病虫害防治技术，往往涉及一定区域范围的大量农业生产经营者，也需要政府发挥好组织发动的作用。

对于政府推行的科学耕作制度，农业生产经营者应当积极响应、参与和配合，齐心协力为黑土地保护作出努力。土地质量好了，耕地稳产丰产有保障，最终还是农业生产经营者受益。

（三）科学耕作制度的主要内容

多年来，各地积极探索黑土地保护模式，积累了丰富的实践经验和科学实验数据。结合我国黑土地保护的实践和实际需要，本条突出强调了以下内容。

一是因地制宜实行轮作等用地养地相结合的种植制度，按照国家有关规定推广适度休耕。轮作，即在同一块田地上，有顺序地在季节间或年间轮换种植不同的作物或复种组合的一种种植方式，是用地养地相结合的一种生物学措施。休耕是按照用地养地相结合的理念让土地“休养生息”。

黑土地区主要栽培的作物有玉米、大豆、水稻，受气候影响，该区域一年一季。长期连续种植同一种作物即连作，往往带来病害增加、土壤有机质含量下降等问题。例如，大豆连作会增加土壤中病虫害的发生，加长、加大土壤有害生物链和生物网，导致土壤生物肥力下降，进而降低大豆产量；玉米连作会导致土壤有机质含量下降，土壤容重增加，土壤基础肥力降低。[①] 轮作休耕的目的是优化种植结构，实现用养结合，防止地力过度消耗，让黑土地休养生息、恢复元气，促进可持续利用。从2016年起，原农业部与相关部门逐步实施耕地轮作休耕制度试点，在东北黑土区重点推广以玉米与大豆轮作为主的种植模式，在黑龙江三江平原井灌稻区开展休耕。根据东北地区开展黑土地保护性耕作的试点实验数据，采用玉米—大豆轮作与连作玉米相比较，黑土层有机质含量明显增加，土壤含水

---

① 韩晓增、邹文秀：《我国东北黑土地保护与肥力提升的成效与建议》，载《中国科学院院刊》2018年第2期。

量增加，氮磷等元素含量提高，同时玉米增产约10%。同样，通过有计划的休耕，既可以让过于紧张、疲惫的耕地休养生息，让生态得到治理修复；也可以改良土壤，增强农业发展后劲，实现真正的“藏粮于地”。

要注意区分闲置、荒芜土地和适度休耕。按照土地管理法律法规，禁止任何单位和个人闲置、荒芜耕地。按照农村土地承包法规定，土地经营权人弃耕抛荒连续两年以上的，承包方可以单方面解除土地经营权流转合同，发包方有权要求终止土地经营权流转合同。擅自闲置、荒芜黑土地不仅不受法律保护，而且要依法承担责任。休耕必须按照国家有关规定进行，休耕期间要注意耕地管理与保护，防止土壤被侵蚀或者遭到破坏。

二是因地制宜推广免（少）耕、深松等保护性耕作技术，推广适宜的农业机械。收获后用残茬覆盖土壤表面，或者留下小块残茬以减少风蚀的耕作制度为免（少）耕，一般来说，包括不耕、条耕、根茬覆盖及其他不翻动表土的耕作措施。免（少）耕是尽量减少对田地表土翻动和踏压次数的耕作技术，主要目的是防止土壤被风蚀和保墒。深松是通过农机深松作业打破坚硬的犁底层提高土壤通透性，从而增强土壤蓄水保墒和抗旱防涝能力的耕作方式。深松不翻转土层，使残茬、秸秆、杂草大部分覆盖于地表，既有利于保墒，减少风蚀，又可以吸纳更多的雨水，还可以延缓径流的产生，削弱径流强度，缓解地表径流对土壤的冲刷，减少水土流失。

黑土地富含腐殖质，土壤孔隙度较好、表层土质疏松，冬冻春融后土壤更疏松，表层黑土易随着融冰（雪）水流失。加之东北春季多大风，水蚀加上风蚀，造成黑土变薄、变硬，甚至一些地区下部黄土裸露出来。以农作物秸秆覆盖还田、免（少）耕播种为主要内容的保护性耕作技术，能够有效减轻土壤风蚀水蚀、增加土壤肥力、保墒抗旱能力，增强作物抵御春寒、夏旱、台风等不利天气因素的能力，有效提高农业生态和经济效益。2020 年，农业农村部、财政部制定印发了《东北黑土地保护性耕作行动计划（2020—2025 年）》，组织在东北地区的适宜区域，推广应用保护性耕作，以玉米生产保护性耕作为重点，促进黑土地保护和农业可持续发展。

保护性耕作必须有适宜的农业机械相配套。免耕、条耕、垄作和覆盖耕作等保护性耕作技术，均会在大部分地表覆盖秸秆，导致播种机播种环境与常规种植不同，传统的播种机具难以高质量完成播种。当前，由于缺乏高性能的免耕播种机及覆盖耕作机具，我国东北黑土地保护性耕作技术推广与应用的难度较大。对此，国家应当持续加大对适宜农机具的研究开发和推广力度，强化机具保障，确保作业质量。

三是因地制宜推广秸秆覆盖、粉碎深（翻）埋、过腹转化等还田方式。长期以来，人们不重视秸秆还田，土壤有机质消耗流失多，秸秆、畜禽粪肥等有机物补充回归少，导致有机质含量大幅降低，耕地基础地力下降。秸秆还田能增加土壤有机质，改良土壤结构，使土壤疏松，孔隙度增加，容量减轻，增进微生物活力，促进作物根系的发育，具有显著的增肥增产作用。秸秆还田也有利于解决秸秆焚烧所造成的大气污染问题。通过秸秆覆盖还田能够有效固土保墒。通过秸秆粉碎深（翻）埋和有机肥深混还田等方式，能够增加耕作层厚度，提高全耕作层土壤有机质及养分含量，改良土壤障碍层，构建肥沃耕层，增加土壤储水能力及作物水分利用效率等。通过秸秆过腹转化，能够提高秸秆资源过腹还田利用率，推动种养废弃物的资源化利用，减少资源浪费和环境污染，反哺提高黑土地耕地质量。

秸秆还田方式一定要注意因地制宜。有的地区适宜结合免耕和少耕，采取秸秆覆盖还田技术；有的地区可以改春整地为秋整地，采取在秋季收获后实施秸秆粉碎翻压或碎混还田，推广一年深翻两年（或四年）免耕播种的“一翻两免（或四免）”技术；有的地区可以采取黑土层与障碍层梯次混合、秸秆与有机肥改良集成的技术；水田可以采取秋季收获时直接秸秆粉碎翻埋还田，或春季泡田搅浆整地的技术；等等。

四是科学减少化肥施用量，鼓励增施有机肥料。这是对施用肥料的要求。过量施用化肥短时间内能使农作物产量有所提升，但长此以往会造成土壤结构变差、酸化、微生物活性降低，作物生长发育受限等问题。测土配方施肥就是以土壤测试和肥料田间试验为基础，根据作物需肥规律、土壤供肥性能和肥料效应，在合理施用有机肥料的基础上，有针对性地补充作物所需的营养元素，做到各种养分平衡供应，合理控制化肥施用量，减轻土壤压力、减少环境污染。要科学减少化肥施用量，通过测土配方施肥了解土壤肥力状况，力争做到土壤缺什么就施什么肥，缺多少施多少。科学施用化肥还要综合考虑作物需肥规律，注重施肥的时机和种类、用量，注重肥料间的合理配比。施肥要讲究“科学”，既要避免过度施肥带来土壤污染和土地硬化，同时也要避免过度追求少施肥导致作物大幅减产。通过这些措施，能够减少肥料流失，发挥肥料最大效应，提高化肥利用效率，从而实现节本增效和减少环境污染。在减少化肥用量的同时，要鼓励增施有机肥料，实施有机肥还田。增施的有机肥可以是颗粒有机肥，也可以利用当地粪肥资源，通过贮存发酵堆沤设施进行无害化处理后还田。各地实践表明，通过减少化肥，增施有机肥，可以改善土壤性状，做到农作物产量不降低、产品品质有提升，从而实现更好的经济效益，生产与生态兼顾。土壤生物改良技术，是利用生物的某些特性用以适应、抑制或改良土壤的措施。要加强土壤生物改良技术的研究和推广，为黑土地保护提供新途径。

五是推广生物技术或者生物制剂防治病虫害等绿色防控技术，科学减少化学农药、除草剂使用量，合理使用农用薄膜等农业生产资料。这是对农药等农业生产资料使用的要求。过量用药导致黑土区耕地土壤微生态遭到严重破坏，土壤微生物活性降低，耕地质量下降。在防治病虫害方面，大力推广生物防治、物理防治等非化学绿色防控技术，科学减少化学农药应用。要大力推广绿色防控技术，提倡以虫治虫、以菌抑虫，选取治虫能力强、生命周期短、数量庞大、体型较小的当地昆虫进行混合防治，推广应用生物农药、高效低毒低残留农药及新型高效植保机械，推行精准施药。在科学除草方面，要把握好除草时机，加强人工或者机械中耕除草，改善种植制度等措施，科学减少除草剂使用，保护土壤健康，保障农产品质量安全，提高耕地产出效益。要合理使用农用薄膜等农业生产资料，依法开展好回收利用或者无害化处理，防治白色污染。

（四）推广科学耕作技术要因地制宜

要结合当地自然气候条件、种植作物种类、产业结构特点等因素，推广适宜有效的耕作制度，促进黑土地质量提升；要注意尊重规律，不能违反自然规律、社会规律，采取极端措施；要兼顾用地和养地，不能只顾产量忽视养地，也不能仅强调养地而不顾生产，导致粮食大幅减产。

十四、修复农田生态环境

【法律原文】

第十四条 国家鼓励采取综合性措施，预防和治理水土流失，防止黑土地土壤侵蚀、土地沙化和盐渍化，改善和修复农田生态环境。

县级以上人民政府应当开展侵蚀沟治理，实施沟头沟坡沟底加固防护，因地制宜组织在侵蚀沟的沟坡和沟岸、黑土地周边河流两岸、湖泊和水库周边等区域营造植物保护带或者采取其他措施，防止侵蚀沟变宽变深变长。

县级以上人民政府应当按照因害设防、合理管护、科学布局的原则，制定农田防护林建设计划，组织沿农田道路、沟渠等种植农田防护林，防止违背自然规律造林绿化。农田防护林只能进行抚育、更新性质的采伐，确保防护林功能不减退。

县级以上人民政府应当组织开展防沙治沙，加强黑土地周边的沙漠和沙化土地治理，防止黑土地沙化。

【法律解读】

本条是关于改善和修复黑土地农田生态环境的规定。

（一）改善农田生态环境对黑土地保护的重要意义

农田生态环境和农作物共同构成农田生态系统。黑土地的农田生态环境影响黑土地质量，给农作物生产带来影响。

东北黑土地分布着大大小小的侵蚀沟，一些侵蚀沟处于快速发展状态。侵蚀沟蚕食耕地，致使耕地支离破碎，大型农机无法作业，降低农业生产效率，制约农业现代化发展；造成坡耕地黑土层逐年变薄，土壤有机质流失；水土流失的水土会淤积湖库塘渠，影响农业生产、出行及工程安全运行。加强侵蚀沟治理迫在眉睫。

农田防护林对于预防黑土地风蚀起到重要作用。农田防护林带能够降低风速，减弱乱流交换，在一定程度上提高土壤含水量，从而防止或者减轻土壤风蚀。同时，农田防护林有助于形成利于农业生产的农田微环境，促进土壤有机质累积及氮、磷养分库容增加，减轻土壤盐渍化。据中国科学院 2021 年发布的《东北黑土地白皮书（2020 年）》，东北地区农田防护林防护效应不足 20%，距离 50%的防护要求还有很大差距，通过强化农田防护林建设促进黑土地保护还有很大潜力可挖。

黑土地沙化问题主要集中在松辽平原风沙区，吉林西部还同时伴有土壤盐渍化问题。“沙化”是指土壤的物质组成中较小颗粒的减少、有机质的损失、较粗大（沙）物质相对集中的过程。因气候变化和人类活动所导致的天然沙漠扩张，以及人类活动导致的地表植被破坏、沙土裸露，都会造成土地沙化。土壤沙化会导致黑土地生产能力下降，面积减小，危害农田生态系统健康。

此外，部分地区黑土地存在盐渍化等问题，也迫切需要采取措施加强治理。

（二）县级以上人民政府应当组织改善农田生态环境

改善和修复农田生态环境，涉及侵蚀沟治理、土壤盐渍化等比较复杂的问题，涉及多主体、多学科，资金投入大、持续时间长。县级以上人民政府应当充分发挥好规划、组织和推动等作用，采取有效措施改善和修复农田生态环境。农业生产经营者要积极响应、参与和配合修复黑土地农田生态环境，共同为黑土地保护作出努力。改善和治理农田生态环境有利于保护黑土地面积不减少、质量有提升，有利于更好开展农业生产经营活动，提高农业产出和效益，农业生产经营者最终能够从中受益。

（三）改善农田生态环境的主要内容

农田生态环境保护涉及的内容非常丰富。改善农田生态环境要综合采取措施，预防和治理水土流失，防止黑土地土壤侵蚀、土地沙化和盐渍化。本条突出了以下规定：

一是侵蚀沟治理。侵蚀沟的治理要统筹安排、一体推进，针对沟头沟坡沟底采取工程、农艺、生物等各项措施进行综合治理。本条重点强调了沟头沟坡沟底的加固防护和在水土流失源头营造植物保护带等措施。侵蚀沟治理措施要根据实际情况和当地资源状况因地制宜加以优化。

二是建设农田防护林。本条重点强调，要因害设防、合理管护、科学布局农田防护林，突出植树造林的针对性以发挥好实际效果；要重点组织沿农田道路、沟渠等种植农田防护林；要遵循自然规律，如选择当地适宜树种、有较好防护农田效果等；要培育、保护农田防护林，只能进行抚育、更新性质的采伐，要严格规划好采伐时间、采伐数量和地点，采伐后要依法及时更新培育新树，避免采伐造成防护林功能减退。县级以上人民政府应统一制定农田防护林建设计划，既实现防护效果，又不过分占用耕地，同时有序推进防护林木抚育、更新，实现动态保护和持续优化。

三是防沙治沙。要将黑土地沙化治理纳入地区乃至全国防沙治沙整体布局，一方面要通过加强沙漠治理，防治流沙，防止沙漠扩张淹没农田；另一方面要加强已经沙化土地的治理，因地制宜地采取措施恢复和增加植被，避免沙化土地扩大，侵蚀和破坏相邻的黑土地。

四是治理土壤盐渍化等问题。盐渍化治理难度大、时间长，需要各地根据实际情况采取有效措施。一般来说，可以通过完善灌溉排水系统、化学试剂改良等措施改善土壤盐渍化状况。

十五、周边环境治理

【法律原文】

第十五条 县级以上人民政府应当加强黑土地生态保护和黑土地周边林地、草原、湿地的保护修复，推动荒山荒坡治理，提升自然生态系统涵养水源、保持水土、防风固沙、维护生物多样性等生态功能，维持有利于黑土地保护的自然生态环境。

【法律解读】

本条是关于黑土地周边环境治理的规定。

（一）周边环境治理对黑土地保护的重要意义

山水林田湖草沙是不可分割的生命共同体。过去的生态保护修复活动大多针对单一目标或者单一生态要素，管田的单纯管田，治水的只管治水，护树的只管护树，护草的只管护草，缺乏整体性、系统性，容易顾此失彼。近年来，在习近平生态文明思想的指导下，国家大力统筹推进山水林田湖草沙系统治理，科学布局全国重要生态系统保护和修复工程，支持实施了一批山水林田湖草沙一体化保护和修复工程。

黑土地是自然生态系统的重要组成部分，黑土地与整体生态环境相互影响，相互作用。黑土地的原生形态主要是草甸草原带、湿地沼泽带、灌木乔木森林带，黑土地与草地、林地、湿地等具有不可分割的生态关联性。黑土地面临的风蚀、水蚀、沙化、盐碱化等问题，需要通过对周边环境的有效治理才能解决。本条规定有两个突出特点：一是聚焦于黑土地保护，将黑土地保护作为生态环境系统治理的重要目标。东北四省区在统筹生态环境治理时，要将保护黑土地作为优先目标加以考虑。二是黑土地保护要坚持系统观念。注重生态系统的整体性、系统性及其内在规律，高站位整体谋划、科学布局生态保护修复工程，找准黑土地保护有关问题的病因源头，优化相关保护修复措施，努力促进生态系统正向演替，为黑土地保护提供良好周边生态环境。

以黑土地保护为抓手，坚持山水林田湖草沙系统治理，可以带动东北地区整体生态环境的改善，整体生态环境的改善又能够提升促进黑土地保护。黑土地保护与整体生态环境改善相辅相成、相互促进。

（二）县级以上人民政府应当组织开展黑土地周边环境治理

坚持系统观念加强黑土地保护，推进山水林田湖草沙统筹治理，需要整合各方面力量，构建多主体、多学科、跨部门的协同机制。黑土地周边环境保护，涉及广大地域范围，治理需要的投入大、时间长，绝非单个农业生产经营者能够做到的。县级以上人民政府应当系统谋划、统筹实施，多管齐下、多措并举，充分发挥好规划、组织和推动等作用。要采取有效措施，优化生态产品价值实现机制，吸引社会资本投入，促进社会公众共同参与生态治理。农业生产经营者要积极响应、参与和配合黑土地周边环境保护活动，齐心协力为黑土地保护作出努力，建设人与自然和谐共生的美丽家园。

（三）加强黑土地周边环境治理的要求

保护黑土地，统筹开展山水林田湖草沙治理，主要应注重以下几个方面：一是加强林地、草原、湿地的保护修复。二是加强荒山荒坡植被的保护和修复。三是提升自然生态系统的涵养水源、保持水土、防风固沙、维护生物多样性等生态功能。森林生态系统遭受破坏，草原生态系统的退化、沙化和碱化，湿地生态系统的乱垦滥开等，都带来生态平衡的失调和破坏。要增强周边环境治理措施的针对性和有效性，切实预防和治理可能给黑土地带来的各类灾害。

十六、质量提升计划

【法律原文】

第十六条　县级人民政府应当依据黑土地调查和监测数据，并结合土壤类型和质量等级、气候特点、环境状况等实际情况，对本行政区域内的黑土地进行科学分区，制定并组织实施黑土地质量提升计划，因地制宜合理采取保护、治理、修复和利用的精细化措施。

【法律解读】

本条是关于黑土地质量提升计划的规定。

（一）县级人民政府应当制定黑土地质量提升计划

县级人民政府在我国行政体系中具有十分重要的地位。县级人民政府处在政府工作的第一线，是国家法律法规和政策的重要执行者，大多数由市县政府出台落实法律法规和政策的具体措施。县级人民政府熟悉本地区情况，密切联结着广大人民群众，直接处理和化解基层的矛盾和纠纷。本法第十条规定，县级黑土地保护规划应当落实到具体地块，并向社会公布。县级人民政府了解黑土地具体分布、位置、质量和面临的突出问题。要发挥好县级人民政府优势，将县级人民政府作为保护黑土地的重要主体。县级人民政府制定黑土地质量提升计划，可以切实保障每一块黑土地都有具体的保护措施、保护目标，从而将保护黑土地的法律要求切实落到实处。

（二）质量提升计划应当落实好有关法律规定

县级人民政府应当落实法律规定，制定黑土地质量提升计划，体现相关黑土地保护和利用措施，因地制宜确定具体地块要采取的措施和要达到的目标要求。对于本法着重规定的黑土地保护和利用措施，要在质量提升计划中予以体现，如本法第十二条至第十五条对农田基础设施建设、推广科学的耕作制度、改善和修复农田生态环境、周边环境治理作出的规定，第十八条规范农业投入品使用、第十九条规范畜禽粪污处理和利用，等等。

（三）质量提升计划应当因地制宜、科学有效

一是要依据黑土地调查和监测数据。调查和监测能够掌握黑土地底数，为采取质量提升措施提供科学依据，从而为更好制定有关保护措施提供良好条件。

二是要结合土壤类型和质量等级、气候特点、环境状况等实际情况。要根据实际情况，对黑土地进行科学分区，提出在适宜地区重点推广的技术措施。鼓励县级人民政府将具体黑土地保护和利用措施公布到田间地头，充分让广大农业生产经营者了解、掌握和实施。

十七、农业生产经营者责任

【法律原文】

第十七条 国有农场应当对其经营管理范围内的黑土地加强保护，充分发挥示范作用，并依法接受监督检查。

农村集体经济组织、村民委员会和村民小组应当依法发包农村土地，监督承包方依照承包合同约定的用途合理利用和保护黑土地，制止承包方损害黑土地等行为。

农村集体经济组织、农业企业、农民专业合作社、农户等应当十分珍惜和合理利用黑土地，加强农田基础设施建设，因地制宜应用保护性耕作等技术，积极采取提升黑土地质量和改善农田生态环境的养护措施，依法保护黑土地。

【法律解读】

本条是关于农业生产经营者黑土地保护责任的规定。

农业生产经营者是黑土地保护的具体实施主体。国家和各级政府保护政策的落地执行，相关科研院所研究成果的转化实施，最终都离不开农业生产经营者的具体生产经营活动。当前我国黑土地的农业生产经营者主要有国有农场、农村集体经济组织、农业企业、农民专业合作社、农户等。本法分层次规定了农业生产经营者的保护责任。我国实行农村土地承包制度，作为发包方的农村集体经济组织、村民委员会或者村民小组依照农村土地承包法等法律发包土地、监督承包方合理利用和保护土地。本法进一步强调了发包方的黑土地保护责任。

（一）国有农场的黑土地保护义务

本条第一款规定，国有农场应当对其经营管理范围内的黑土地加强保护，充分发挥示范作用，并依法接受监督检查。

国有农场是在特定历史条件下为承担国家使命而建立的。经过多年的艰苦创业和不懈努力，国有农场的整体实力显著提升，发挥的功能作用日益突出，成为国家在关键时刻能够抓得住、用得上的重要力量。国有农场是发展壮大国有农业经济，发挥质量兴农带动引领作用的重要力量。在东北四省区，国有农场的综合生产能力强，生产经营规模化水平比较高，科技成果应用、物质装备条件、农产品质量安全水平、农业对外合作等走在前列。国有农场贯彻落实新发展理念，兼顾经济效益、社会效益和生态效益，着力促进绿色发展，承担着保护好黑土地的重要责任。本法就国有农场的黑土地保护责任分三个层次作出了规定。首先，明确国有农场应当对其经营管理范围内的黑土地加强保护。新时期国有农场不断探索经济发展方式，对耕地采取直接经营、承包租赁、入股等多种经营管理方式。不论具体经营管理方式怎么变化，国有农场都是其经营管理范围内黑土地保护的第一责任人，应当按照本法及国家有关政策规定认真履行好黑土地保护责任。其次，充分发挥示范作用。国有农场拥有其他农业生产经营者不具备的技术管理能力和物质装备条件，同时还拥有一大批有技术、懂科学、会经营的科研及管理人员。国有农场不仅应当做好自身的黑土地保护工作，还应当充分发挥其综合实力强、经营范围广的优势，做好示范带动，引领其他农业生产经营者共同保护好黑土地。最后，国有农场应当依法接受黑土地保护的监督检查。本法第二十七条规定，县级以上人民政府自然资源、农业农村、水行政等有关部门按照职责，依法对黑土地保护和质量建设情况联合开展监督检查。国有农场作为重要的农业生产经营者，同其他农业生产经营者一样，也要接受有关部门依法实施的监督检查。为保证黑土地保护义务的履行落到实处，本法分别明确了违反本法相关规定的法律责任，同时还明确拒绝、阻碍对黑土地保护情况依法进行监督检查的，由县级以上地方人民政府有关部门责令改正；拒不改正的，处二千元以上二万元以下罚款。

（二）发包方依法监督承包方履行保护黑土地责任

本条第二款规定，农村集体经济组织、村民委员会和村民小组应当依法发包农村土地，监督承包方依照承包合同约定的用途合理利用和保护黑土地，制止承包方损害黑土地等行为。

实行以家庭承包经营为基础、统分结合的双层经营体制，是我国的农村基本经营制度。农村土地承包法对农村土地发包和承包、发包方和承包方的权利和义务等作出了全面规定。农民集体所有的土地依法属于村农民集体所有的，由村集体经济组织或者村民委员会发包；已经分别属于村内两个以上农村集体经济组织的农民集体所有的，由村内各该农村集体经济组织或者村民小组发包。村集体经济组织或者村民委员会发包的，不得改变村内各集体经济组织农民集体所有的土地的所有权。国家所有依法由农民集体使用的农村土地，由使用该土地的农村集体经济组织、村民委员会或者村民小组发包。承包方依法承包经营土地，同时应当维持土地的农业用途，未经依法批准不得用于非农建设；依法保护和合理利用土地，不得给土地造成永久性损害；履行法律、行政法规规定的其他义务。发包方要维护承包方的土地承包经营权和生产经营自主权，同时也要监督承包方依照承包合同约定的用途合理利用和保护土地；制止承包方损害承包地和农业资源的行为；依照有关法律、行政法规规定行使其他权利和履行其他义务。为保护黑土地这一特殊类型的土地资源，本法进一步明确了更加具体和有针对性的法律规定，明确黑土地生产经营者的黑土地保护责任，规定发包方对承包方保护黑土地的监督责任。作为发包方的农村集体经济组织、村民委员会或者村民小组应当承担好法律赋予的责任，监督承包方依照承包合同约定的用途合理利用和保护黑土地，制止承包方损害黑土地等行为。这里强调了在依法发包的基础上，合同约定的法律效力。同时也明确指出了涉及黑土地的承包合同应当对合理使用黑土地资源，保护黑土地作出约定，防止承包方损害黑土地的行为。

（三）农业生产经营者应当积极主动保护黑土地

本条第三款规定，农村集体经济组织、农业企业、农民专业合作社、农户等应当十分珍惜和合理利用黑土地，加强农田基础设施建设，因地制宜应用保护性耕作等技术，积极采取提升黑土地质量和改善农田生态环境的养护措施，依法保护黑土地。

本款内容就农村集体经济组织、农业企业、农民专业合作社、农户等各类农业生产经营者，均应当在从事农业生产经营过程中珍惜和合理利用黑土地。本款在明确这一基本要求的基础上，同时明确了各经营主体应当承担采取的具体措施，即加强农田基础设施建设，因地制宜采取保护性耕作的技术，积极采取提升黑土地质量和改善生态环境的养护措施。通过以上法定措施的采取，实现依法保护黑土地。

根据本法的规定，县级以上人民政府应当将黑土地保护工作纳入国民经济和社会发展规划。国土空间规划应当充分考虑保护黑土地及其周边生态环境，合理布局各类用途土地，以利于黑土地水蚀、风蚀等的预防和治理。县级以上人民政府农业农村主管部门会同有关部门编制黑土地保护规划的过程中，对保护范围、目标任务、技术模式，以及保障措施等都作出了明确规定，进而实现遏制黑土地退化趋势，提升黑土地质量，改善黑土地生态环境的目标。各类农业生产经营者应当在开展农业生产经营的过程中，认真落实规划中的各项内容，同时按照本法第十二条、第十三条、第十四条、第十五条等有关规定，积极开展农田基础设施建设、采取科学耕作制度和改善黑土地生态环境。

十八、农业投入品包装物回收利用

【法律原文】

第十八条　农业投入品生产者、经营者和使用者应当依法对农药、肥料、农用薄膜等农业投入品的包装物、废弃物进行回收以及资源化利用或者无害化处理，不得随意丢弃，防止黑土地污染。

县级人民政府应当采取措施，支持农药、肥料、农用薄膜等农业投入品包装物、废弃物的回收以及资源化利用或者无害化处理。

【法律解读】

本条是关于黑土地的农业投入品的包装物、废弃物进行回收利用，治理农业面源污染方面的规定。

（一）不得随意丢弃农业投入品的包装物、废弃物

在黑土地利用中，不可避免地要使用农药、肥料、农用薄膜等农业投入品，从而产生大量的包装物、废弃物。这些包装物、废弃物上仍然残留着农药、肥料。如果任由这些包装物、废弃物滞留在田野上、沟渠里，可能直接污染黑土地，或者污染水源进而通过灌溉间接污染黑土地，

带来环境损害，影响农产品质量安全。严重的情形下，有毒有害农药、化肥甚至进入水源地影响人畜饮水安全，威胁到人、畜和野生动物的生命安全。大量的农业投入品包装物、废弃物，还带来垃圾遍地、满天纷飞的白色污染，影响美丽乡村建设。所以本条重点对农药、肥料、农用薄膜等农业投入品的包装物、废弃物进行回收及资源化利用或者无害化处理作出规定，明确不得随意丢弃。这是防治农业面源污染，发展循环经济，提高资源利用效率，保护和改善环境，切实贯彻新发展理念的必然要求，也是实现农业现代化，提高农产品质量安全的必然要求。

当前我国制定了水污染防治法、土壤污染防治法、大气污染防治法、固体废物污染环境防治法等多部污染防治方面的法律，其中土壤污染防治法适用于黑土地保护，其他几部法律对防治灌溉水、大气、工业固体废物、生活垃圾等污染黑土地方面具有重要作用。按照本法第三十五条的规定，违反法律造成黑土地污染的，要依照污染防治有关法律法规的规定从重处罚。农药、化肥、农膜等是不可或缺的农业投入品，是最容易、最常见的潜在黑土地污染源，与农业生产经营的联系最紧密，与农业生产经营者息息相关。本法针对突出矛盾，进一步强调要加强农业投入品包装物、废弃物的回收、利用和处理。

土壤污染防治法第二十六条第一款规定，国务院农业农村、林业草原主管部门应当制定规划，完善相关标准和措施，加强农用地农药、化肥使用指导和使用总量控制，加强农用薄膜使用控制。第三十条规定，禁止生产、销售、使用国家明令禁止的农业投入品。农业投入品生产者、销售者和使用者应当及时回收农药、肥料等农业投入品的包装废弃物和农用薄膜，并将农药包装废弃物交由专门的机构或者组织进行无害化处理。具体办法由国务院农业农村主管部门会同国务院生态环境等主管部门制定。当前，为了加强农药管理，1997 年国务院制定了《农药管理条例》，并于 2001 年、2017 年作了修订，2022 年对部分条款作了修改。为落实土壤污染防治相关法律规定，2020 年农业农村部办公厅发布了《关于肥料包装废弃物回收处理的指导意见》，农业农村部会同生态环境部等部门制定了《农药包装废弃物回收处理管理办法》《农用薄膜管理办法》等部门规章。

（二）各有关主体处理农业投入品包装物、废弃物的责任

按照法律法规和国家规定，农业投入品生产者、经营者和使用者都负有回收、再利用或者处理有关包装物、废弃物的责任。

关于农药包装物回收、利用和处理方面。农药包装废弃物，是指农药使用后被废弃的与农药直接接触或含有农药残余物的包装物，包括瓶、罐、桶、袋等。有关方面的责任主要包括：农药使用者在施用过程中，配药时应当通过清洗等方式充分利用包装物中的农药，减少残留农药；应当及时收集农药包装废弃物并交回农药经营者或农药包装废弃物回收站（点），不得随意丢弃。农药生产者和经营者应当履行农药包装废弃物回收义务，通过协商明确各自承担的废弃物回收义务；积极开展农药包装废弃物回收处理的宣传和培训，并采取有效措施引导农药使用者及时交回农药包装废弃物。农药生产者应当改进农药包装，积极采用易资源化利用和易处置包装物、水溶性高分子包装物或者在环境中可降解的包装物，逐步淘汰铝箔包装物。农药经营者应当在其经营场所设立农药包装废弃物回收装置，不得拒收其销售农药的包装废弃物。农药经营者和农药包装废弃物回收站（点）应当建立农药包装废弃物回收台账，记录农药包装废弃物的数量和去向信息；回收台账应当保存两年以上。农药经营者和农药包装废弃物回收站（点）应当加强相关设施设备、场所的管理和维护，对收集的农药包装废弃物进行妥善贮存，不得擅自倾倒、堆放、遗撒农药包装废弃物。运输农药包装废弃物应当采取防止污染环境的措施，不得丢弃、遗撒农药包装废弃物，运输工具应当满足防雨、防渗漏、防遗撒要求。

关于肥料包装废弃物回收处理方面。肥料包装废弃物是指肥料使用后，被废弃的与肥料直接接触或含有肥料残余物的包装（瓶、罐、桶、袋等）。根据农业生产实际，回收处置范围主要包括化学肥料、有机肥料、微生物肥料、水溶肥料、土壤调理剂等肥料包装废弃物。肥料生产者、销售者和使用者是肥料包装废弃物回收的主体，都有收集回收义务。肥料生产者、销售者要积极在其生产和经营场所设立肥料包装废弃物回收装置，开展肥料包装废弃物回收；要确保肥料包装废弃物不随意弃置、掩埋或焚烧。对于具有再利用价值的肥料包装废弃物，发挥市场作用，建立使用者收集、市场主体回收、企业循环利用的回收机制。对于无再利用价值的肥料包装废弃物，由使用者定期归集并交回村庄垃圾收集房（点、站），实行定点堆放、分类回收。有条件的地方，可将无再利用价值的肥料包装废弃物纳入农药包装废弃物回收处理体系。

关于农用薄膜回收利用方面。农用薄膜，是指用于农业生产的地面覆盖薄膜和棚膜。使用者应当在使用期限到期前捡拾田间的非全生物降解农用薄膜废弃物，交至回收网点或回收工作者，不得随意弃置、掩埋或者焚烧；生产者、销售者、回收网点、废旧农用薄膜回收再利用企业或其他组织等应当开展合作，采取多种方式，建立健全农用薄膜回收利用体系，推动废旧农用薄膜回收、处理和再利用。农用薄膜回收网点和回收再利用企业应当依法建立回收台账，如实记录废旧农用薄膜的重量、体积、杂质、缴膜人名称及其联系方式、回收时间等内容；回收台账应当至少保存两年。

（三）政府应当支持农业投入品包装物和废弃物的回收、利用和处理

土壤污染防治法第三十条第三款规定，国家采取措施，鼓励、支持单位和个人回收农业投入品包装废弃物和农用薄膜。有关行政法规和部门规章对此也作出了规定。各级人民政府及有关部门应当采取措施，支持农药、肥料、农用薄膜等农业投入品包装物、废弃物的回收以及资源化利用或者无害化处理。

一是农药包装物、废弃物方面。地方各级人民政府及其有关部门主要应当建立健全回收处理体系，指导建立农药包装废弃物回收体系，合理布设县、乡、村农药包装废弃物回收站（点），明确管理责任；对本行政区域内农药生产者、经营者、使用者履行农药包装废弃物回收处理义务加以监督管理；采取多种形式开展农药包装废弃物回收处理的宣传和教育，指导农药生产者、经营者和专业化服务机构开展农药包装废弃物的回收处理；通过补贴、优惠等措施支持农药包装废弃物回收、贮存、运输、处置和资源化利用活动。

二是肥料包装废弃物方面。强化责任落实，严格落实分级负责的责任机制，把肥料包装废弃物回收利用纳入乡村振兴总体工作中统筹安排；制定回收利用实施方案，明确回收利用的目标、对象、路径及政策，建立回收利用体系和长效运行机制；完善政策措施，结合实际需要和财力可能，积极支持肥料包装废弃物回收处理工作，鼓励农民收集和上缴肥料包装废弃物，引导社会化服务组织、农业生产经营主体开展回收利用；有条件的地方，可采用政府购买服务等方式，引导社会力量参与肥料包装废弃物的回收利用；加强监督管理，对肥料生产者、销售者、使用者未及时回收肥料包装废弃物的，依照法律规定进行处罚；加强宣传引导，提高肥料生产者、销售者、使用者回收利用肥料包装废弃物的意识，增强肥料生产者、销售者自觉履行生态环境责任的积极性和主动性，引导广大农民和新型经营主体等使用者自觉回收肥料包装废弃物。

三是农用薄膜回收利用方面。政府应当激励各方参与农用薄膜回收，完善回收利用的措施，主要包括：鼓励研发、推广农用薄膜回收技术与机械，因地制宜、多措并举开展废旧农膜回收再利用；鼓励和支持生产、使用全生物降解农用薄膜；支持废旧农用薄膜再利用企业按照规定，享受用地、用电、用水、信贷、税收等优惠政策，扶持从事废旧农用薄膜再利用的社会化服务组织和企业。

十九、养殖者责任

【法律原文】

第十九条 从事畜禽养殖的单位和个人，应当科学开展畜禽粪污无害化处理和资源化利用，以畜禽粪污就地就近还田利用为重点，促进黑土地绿色种养循环农业发展。

县级以上人民政府应当支持开展畜禽粪污无害化处理和资源化利用。

【法律解读】

本条是关于畜禽粪污无害化处理和资源化利用，以促进黑土地保护的规定。

（一）畜禽粪污无害化处理和资源化利用

黑土地被开垦为耕地后，由于长期高强度利用，土壤有机质消耗流失多，秸秆、畜禽粪肥等有机物补充回归少，导致有机质含量大幅降低，耕地基础地力下降。加快畜禽粪污资源化利用，增施有机肥，可以增强黑土微生物活力，提升土壤有机质含量，提高黑土地综合生产能力，有利于提升黑土区资源利用的可持续性。2020 年，我国有畜禽养殖场户 8000 多万个，全国每年畜禽粪污产生量约 38 亿吨，综合处理畜禽粪污和推进化肥减量，可以减少农业面源污染，有利于提升黑土区生态环境和农业发展的可持续性。

畜牧法、畜禽规模养殖污染防治条例等相关法律法规对畜禽粪污无害化处理和资源利用作出了规定，支持建设畜禽粪污收集、贮存、处理和利用设施，推行畜禽粪污养分平衡管理，促进农用有机肥利用和种养结合发展。2017 年，国务院办公厅印发《关于加快推进畜禽养殖废弃物资源化利用的意见》，要求以畜牧大县和规模养殖场为重点，以沼气和生物天然气为主要处理方向，以农用有机肥和农村能源为主要利用方向，加快构建种养结合、农牧循环的可持续发展新格局。

（二）畜禽粪污就地就近还田利用

针对黑土耕地出现的“薄、瘦、硬”问题，国家黑土地保护工程着重实施土壤侵蚀治理，农田基础设施建设，肥沃耕作层培育等综合措施。其中肥沃耕作层培育中重要措施就是实施有机肥还田和推行种养结合，利用大中型动力机械，结合秸秆粉碎还田、有机肥抛撒，开展深翻整地。在粪肥丰富的地区建设粪污贮存发酵堆沤设施，以畜禽粪便为主要原料堆沤有机肥并施用；推进种养结合，按照以种定养、以养促种原则，推进养殖企业、合作社、大户与耕地经营者合作，促进畜禽粪肥还田，种养结合用地养地。《国家黑土地保护工程实施方案（2021—2025）》指出，通过肥沃耕作层培育，旱地耕作层厚度要达到30厘米，水田耕作层厚度要达到20~25厘米，土壤有机质含量达到当地自然条件和种植水平的中上等。

《东北黑土地保护规划纲要（2017—2030年）》在黑土地保护技术模式中也指出，积造利用有机肥，控污增肥。建设有机肥生产积造设施。在城郊肥源集中区，规模畜禽场（养殖小区）周边建设有机肥工厂，在畜禽养殖集中区建设有机肥生产车间，在农村秸秆丰富、畜禽分散养殖的地区建设小型有机肥堆沤池（场），因地制宜促进有机肥资源转化利用。推进种养结合，发展种养配套的混合农场，推进畜禽粪便集中收集和无害化处理。积极支持发展奶牛、肉牛、肉羊等草食畜牧业，实行秸秆“过腹还田”。

粪肥增施可以促进耕地质量有效提升，粪肥就地就近利用逐渐成为主流。据统计，2020年全国年施用面积超过4亿亩次，为耕地提供有机质5500万吨。与2015年相比，新增粪污还田利用1.6亿猪当量，减少化肥（折纯）用量120万吨。以畜禽粪污为主要原料的商品有机肥产量达到3300万吨，占全国商品有机肥产量的70%。同时，畜禽粪污就地就近还田利用可以构建种地养猪、粪便肥田的良性循环，打通种养循环梗阻，形成稳定成熟的种养结合机制，加快修复农田生态环境，建设资源节约型、环境友好型农业，促进生产与生态协调，推动农业绿色发展。

（三）支持开展畜禽粪污无害化处理和资源化利用

县级以上人民政府农牧主管部门负责畜禽养殖废弃物综合利用的指导和服务，并由地方人民政府落实属地管理责任。各有关部门在本级人民政府的统一领导下，一是健全工作机制，督促指导畜禽养殖场户切实履行主体责任。建立企业投入为主、政府适当支持、社会资本积极参与的运营机制。完善以绿色生态为导向的农业补贴制度，充分发挥市场配置资源的决定性作用，引导和鼓励社会资本投入，培育发展畜禽养殖废弃物资源化利用产业。特别是畜牧大县要科学编制种养循环发展规划，推动畜禽粪污无害化处理和资源化利用。二是探索建立中央指导、地方组织、各类新型农业经营主体承担建设任务的项目实施机制，构建政府、企业、社会共同参与的多元化投入机制。采取政府购买服务方式，发挥财政投入的杠杆作用，鼓励第三方社会服务组织参与有机肥推广应用。推行PPP[①]模式，在集中养殖区吸引社会主体参与建设与运营“粮-沼-畜”“粮-肥-畜”设施。通过补助、贷款贴息、设立引导性基金以及先建后补等方式，撬动政策性金融资本投入，

① PPP（Public-Private-Partnership），一般指政府和社会资本合作模式。

引导商业性经营资本进入，调动社会化组织和专业化企业等社会力量参与的积极性。三是畅通种养结合路径，推广堆沤肥还田、液体粪污贮存还田等技术模式，推动粪肥低成本还田利用。探索实施规模养殖场粪污处理设施分类管理，推动建立符合我国实际的粪污养分平衡管理制度，指导养殖场户建立粪污处理和利用台账，种植户建立粪肥施用台账，健全覆盖各环节的全链条管理体系，开展粪污资源化利用风险评估和风险监测，科学指导粪肥还田利用。通过支持在田间地头配套建设管网和储粪（液）池等方式，解决粪肥还田“最后一公里”问题。鼓励沼液和经无害化处理的畜禽养殖废水作为肥料科学还田利用。规范病死畜禽无害化处理，健全无害化处理体系。

二十、禁止盗挖、滥挖、非法买卖黑土

【法律原文】

第二十条　任何组织和个人不得破坏黑土地资源和生态环境。禁止盗挖、滥挖和非法买卖黑土。国务院自然资源主管部门会同农业农村、水行政、公安、交通运输、市场监督管理等部门应当建立健全保护黑土地资源监督管理制度，提高对盗挖、滥挖、非法买卖黑土和其他破坏黑土地资源、生态环境行为的综合治理能力。

【法律解读】

本条是关于防止破坏黑土地资源和生态环境的禁止性规定。

（一）关于不得破坏耕地的一般规定

本法规范的黑土地属于耕地。根据《中华人民共和国土地管理法》《中华人民共和国土地管理法实施条例》《基本农田保护条例》等国家法律规定，国家对耕地实行特殊保护，严守耕地保护红线。作为优质耕地，黑土地保护适用国家关于耕地保护的一般规定。在不得破坏耕地方面，

主要有以下内容：

一是使用土地的单位和个人必须严格按照土地利用总体规划确定的用途使用土地，任何单位和个人不得擅自改变耕地用途。黑土地作为耕地，应当严格遵守土地利用总体规划，不得将耕地擅自转为建设用地，也不得将耕地违法转为林地、草地、园地等。

二是禁止占用耕地进行建窑、建坟、挖砂、采石、采矿、取土等。这些行为破坏了土壤，毁坏了耕作层，有可能造成水土流失、土壤沙化，甚至带来耕地面积永久性减少，所以依法予以禁止。

三是对永久基本农田实行更为严格的保护。禁止任何单位和个人占用基本农田发展林果业和挖塘养鱼。黑土层深厚、土壤性状良好的黑土地应当按照规定的标准划入永久基本农田。划入永久基本农田的黑土地上，禁止发展林果业和挖塘养鱼。国家将优质耕地划为永久基本农田加以保护，目的是为粮棉油等重要农产品生产提供可靠保障。发展林果业和挖塘养鱼虽然是大农业范畴，但是其主要以获得更高收益为目的，而且挖塘养鱼对土壤耕作层造成破坏，不利于保障国家粮食安全。

（二）禁止盗挖、滥挖、非法买卖黑土

在土地管理法律法规关于耕地保护一般规定的基础上，本条进一步严格在黑土地上的采挖等行为，明确禁止

盗挖、滥挖和非法买卖黑土。

盗挖即偷挖。盗挖黑土是未经允许在自己不拥有土地承包经营权等权利的黑土地上而实施的挖土、取土行为。滥挖即超出必要限度或者未按照国家规定实施的挖土、取土行为。滥挖黑土是在自己耕种的黑土地上或者经允许在某块黑土地上超出限度挖土、取土，导致黑土地耕作层破坏或者面积减少的行为。农业生产经营者为了更好耕种黑土地而实施的必要犁地整地等行为，以及为了育种育苗、修建沟渠等而进行少量合理的取土并且不破坏耕作层、不减少耕地面积的，不属于滥挖行为。

非法买卖黑土，即无合法根据而出售、购买黑土。非法买卖黑土是违反国家法律法规和国家规定而实施的买卖行为。需要说明的是，不仅非法出售黑土的行为违法，非法购买黑土也是违法的。不论在集贸市场还是互联网购物平台，公开出售所谓“东北黑土”属于违法行为，消费者应当拒绝购买，否则也构成违法。根据本法第二十一条的规定，建设项目占用黑土地的，应当剥离耕作层的土壤并就近利用，建设项目主体应当制定剥离黑土地再利用方案，并报自然资源主管部门备案。剥离表土再利用中，可能会存在将剥离黑土出卖给黑土利用方的情况，这应当属于合法的黑土买卖。

近年来一些不法分子在利益的驱动下非法盗挖、贩卖黑土资源，对黑土地造成破坏，也给黑土地保护工作带来新的挑战。本条规定为治理盗挖、滥挖和非法买卖黑土的行为提供了法律依据。

（三）有关部门应当建立保护黑土地资源监督管理制度

治理盗挖、滥挖和非法买卖黑土，要明确行政监管责任，加强部门沟通协作。国务院自然资源主管部门会同农业农村、水行政、公安、交通运输、市场监督管理等部门应当建立健全保护黑土地资源监督管理制度，明确盗挖、滥挖和非法买卖黑土的具体情形，细化治理措施，从土地源头、黑土运输、黑土买卖等关键环节打击盗挖、滥挖、非法买卖黑土行为，同时加强对其他破坏黑土地资源和生态环境行为的监督管理。

二十一、建设占用

【法律原文】

第二十一条 建设项目不得占用黑土地；确需占用的，应当依法严格审批，并补充数量和质量相当的耕地。

建设项目占用黑土地的，应当按照规定的标准对耕作层的土壤进行剥离。剥离的黑土应当就近用于新开垦耕地和劣质耕地改良、被污染耕地的治理、高标准农田建设、土地复垦等。建设项目主体应当制定剥离黑土的再利用方案，报自然资源主管部门备案。具体办法由四省区人民政府分别制定。

【法律解读】

本条是关于建设项目不得占用黑土地和剥离黑土利用的规定。

（一）建设项目不得占用黑土地

十分珍惜、合理利用土地和切实保护耕地是我国的基本国策。

国家保护耕地，严格控制耕地转为非耕地。省、自治区、直辖市人民政府应当严格执行土地利用总体规划和土地利用年度计划，采取措施，确保本行政区域内耕地总量不减少、质量不降低。耕地总量减少的，由国务院责令在规定期限内组织开垦与所减少耕地的数量与质量相当的耕地；耕地质量降低的，由国务院责令在规定期限内组织整治。

为控制耕地转为非耕地，我国实行了最严格的用途管制制度，包括：一是通过制定国土空间规划，限定建设可以占用土地的区域；二是制定并分解下达土地利用年度计划，控制各类建设占用耕地规模；三是建立农用地转用审批制度，各项建设需要占用耕地的，要经过有批准权限的人民政府批准。通过这些手段，严格限制耕地转为非耕地。

城市建设和村镇建设以及能源、交通、水利等基础设施建设确实需要占用耕地的，要遵循节约用地、占劣不占优的原则，可以利用荒地的，不得占用耕地；可以利用劣地的，不得占用好地。黑土地属于优质耕地，黑土地是大自然赋予人类得天独厚的稀缺宝贵资源，具有优质性、稀缺性、易被侵蚀性等特点，是“耕地中的大熊猫”，应当按照土地管理相关法律法规的规定，予以更加严格的保护，确保黑土地数量不减少。各级人民政府和建设单位在建设项目规划选址、工程设计等方面，要采取措施，尽量避免占用耕地，如果必须占用耕地的，要尽量避免占用优质耕地，尽量不占用黑土地。

本法第五条还规定，黑土层深厚、土壤性状良好的黑土地应当按照规定的标准划入永久基本农田，重点用于粮食生产，实行严格保护，确保数量和质量长期稳定。按照土地管理法，永久基本农田经依法划定后，任何单位和个人不得擅自占用或者改变其用途；国家能源、交通、水利、军事设施等重点建设项目选址确实难以避让永久基本农田，涉及农用地转用或者土地征收的，必须经国务院批准。对于划入永久基本农田的黑土地，要依照《中华人民共和国土地管理法》的相关规定实行更为严格的保护，严格控制非农业建设占用，建设占用要履行更为严格的审批手续。

（二）确需要占用的，应当依法严格审批

按照土地管理法律法规，建设占用土地，涉及农用地转为建设用地的，应当办理农用地转用审批手续。

农用地转用是土地用途管制制度的关键环节，是控制农用地转为建设用地的重要措施。农用地转用是指农用地按照土地利用总体规划，经过审查批准后转为建设用地的行为，又称农用地转为建设用地。农用地转用审批按照项目是否占用永久基本农田实行分级审批。对于永久基本农田转为建设用地的，由国务院批准。建设项目不占用永久基本农田的，实行分级审批。在土地利用总体规划确定的城市和村庄、集镇建设用地规模范围内，为实施该规划而将永久基本农田以外的农用地转为建设用地的，按土地利用年度计划分批次按照国务院规定由原批准土地利用总体规划的机关或者其授权的机关批准。在已批准的农用地转用范围内，具体建设项目用地可以由市、县级人民政府批准。在土地利用总体规划确定的城市和村庄、集镇建设用地规模范围外，将永久基本农田以外的农用地转为建设用地的，由国务院或者国务院授权的省、自治区、直辖市人民政府批准。

需要强调的是，对于划入永久基本农田的黑土地占用，如果涉及农用地转用或者土地征收的，无论占用多大面积，都应当报国务院审批，地方政府无权审批。

（三）补充数量和质量相当的耕地

依照土地管理法律法规，国家实行占用耕地补偿制度。非农业建设经批准占用耕地的，按照“占多少，垦多少”的原则，由占用耕地的单位负责开垦与所占用耕地的数量和质量相当的耕地。任何建设占用耕地都必须履行开垦耕地的义务，无论是国家重点工程、城市建设，还是乡镇企业、农村村民建住宅占用耕地都必须履行耕地开垦的义务，包括国家投资的能源、交通、水利、国防军工等在内的大中型建设项目与其他项目一样，没有特殊待遇。

建设项目确需占用黑土地并经过严格审批后，应当及时补充数量和质量相当的耕地，不能多占地少补地，也不能占好地补劣地，导致粮食生产能力下降。地方人民政府必须严格落实监管责任，做好补充耕地的验收工作。确实没有条件通过开垦等方式补充耕地的，或者开垦的耕地不符合要求的，建设单位应当按照各省、自治区、直辖市的规定，缴纳耕地开垦费。没有条件开垦是指建设单位没有开垦的人力和机械，而无法从事土地开垦工作。开垦的耕地不符合要求是指耕地开垦的数量和质量没有达到规定的标准。建设单位缴纳耕地开垦费后，地方人民政府应当履行耕地开垦义务，耕地开垦费必须专款用于耕地开垦，不能挪作他用。按照中央有关占补平衡文件的要求，各省（自治区、直辖市）人民政府要依据土地整治新增耕地平均成本和占用耕地质量状况等，制定差别化的耕地开垦费标准，对经依法批准占用永久基本农田的，缴费标准按照当地耕地开垦费最高标准的两倍执行。

考虑到黑土地资源有限，有的地方不具备补充同样质量黑土地的条件，本条没有要求必须补充数量和质量相当的黑土地，但是补充的耕地数量不能少，质量应当与被占用黑土地相当。

（四）剥离黑土的再利用

土地管理法第三十一条规定，县级以上地方人民政府可以要求占用耕地的单位将所占用耕地耕作层的土壤用于新开垦耕地、劣质地或者其他耕地的土壤改良。土地管理法实施条例第十一条规定，县级以上地方人民政府应当采取措施，依法对建设所占用耕地耕作层的土壤利用作出合理安排；非农业建设依法占用永久基本农田的，建设单位应当按照省、自治区、直辖市的规定，将所占用耕地耕作层的土壤用于新开垦耕地、劣质地或者其他耕地的土壤改良。新时代推进生态文明建设，国家更加注重环境资源保护。近年来，中央一系列文件提出，全面推进建设占用耕地耕作层剥离再利用。本法在土地管理法律法规的基础上，对建设项目占用黑土地的耕作层剥离作出强制性规定，即应当按照规定的标准对耕作层的土壤进行剥离；剥离的黑土应当就近用于新开垦耕地和劣质耕地改良、被污染耕地的治理、高标准农田建设、土地复垦等。

耕地耕作层是指经农业生产活动长期影响和改造，土壤不断熟化，耕性得到改善，肥力得到提高而形成的适用于农作物生长的表土层。耕地耕作层是耕地的精华和不可再生的资源，尤其是基本农田的耕作层，是耕地最为核心的部分，需要加强保护，珍惜利用。黑土地耕作层厚度不一，一般为20~30厘米，有的则超过40厘米，其中的植物根系最为密集，养分含量丰富，拥有大量的有机物质和微生物，是精华中的精华。县级以上地方人民政府要切实落实好法律要求，采取措施保障占用耕地单位剥离黑土地的耕作层并再次利用，可以就近用于新开垦耕地和劣质耕地改良、被污染耕地的治理、高标准农田建设、土地复垦等用途。建设项目主体应当切实落实好剥离黑土、利用黑土的法律规定，否则要承担法律责任。

建设项目主体应当制定剥离黑土地再利用方案，按照有关规定详细列明剥离黑土的地点、数量、再利用途径、运输方式等内容，报自然资源主管部门备案。剥离黑土再利用方案的备案，既可以为主管部门监督黑土的剥离和再利用提供依据，同时又为项目建设单位处置和利用黑土提供依据。本法规定不得进行非法买卖黑土，依据备案文件再利用剥离黑土的，不属于非法买卖黑土的范畴。

为因地制宜地做好相关工作，本法授权四省区制定具体办法，明确黑土地耕作层土壤剥离标准、黑土再利用要求和备案等事项。

二十二、财政投入

【法律原文】

第二十二条 国家建立健全黑土地保护财政投入保障制度。县级以上人民政府应当将黑土地保护资金纳入本级预算。

国家加大对黑土地保护措施奖补资金的倾斜力度，建立长期稳定的奖励补助机制。

县级以上地方人民政府应当将黑土地保护作为土地使用权出让收入用于农业农村投入的重点领域，并加大投入力度。

国家组织开展高标准农田、农田水利、水土保持、防沙治沙、农田防护林、土地复垦等建设活动，在项目资金安排上积极支持黑土地保护需要。县级人民政府可以按照国家有关规定统筹使用涉农资金用于黑土地保护，提高财政资金使用效益。

【法律解读】

本条是关于黑土地保护财政投入的规定。

（一）黑土地保护资金纳入财政预算

黑土地保护，事关国家粮食安全、生态安全，具有公益性和长期性。建立健全政府主导、农业生产经营者实施、社会参与的黑土地保护机制，政府发挥好主导作用十分关键。一方面要发挥好组织、推动和引导作用，履行制定规划计划、支持科学研究、开展调查监测、推广保护措施等职责；另一方面要对农业生产经营者的黑土地保护活动予以支持和激励。各级人民政府应当建立健全黑土地保护财政投入保障制度，切实满足开展黑土地保护的有关需要。

县级以上人民政府应当将黑土地保护资金纳入财政预算。财政预算也称为公共财政预算，是由政府编制、经立法机关审批、反映政府一个财政年度内的收支状况的计划。将黑土地保护纳入财政预算，就是要将黑土地保护资金列入财政收支计划，体现好黑土地保护的政策导向，并且使黑土地保护的财政收支受到更好监督，有利于建立健全黑土地保护财政资金投入保障机制。

（二）加大奖补资金倾斜力度

多年来，国家实行强农惠农富农政策，促进农业农村经济发展和农民增收。2006 年我国全面取消农业税，并逐步实施农业补贴政策，形成了以种粮农民直接补贴、农资增资综合直补为主要内容的综合收入型补贴政策，以良种补贴、农机具购置补贴为主的专项生产型补贴政策，以及以粮食最低收购价政策为主的价格保护补贴政策等农业补贴框架。2016年起良种补贴、粮食直补和农资综合补贴等“三项补贴”合并成为农业支持保护补贴，支持耕地地力保护和农业适度规模经营。近年来，中央财政每年通过农业生产发展资金安排耕地地力保护补贴1200多亿元。耕地地力保护补贴有利于引导农民综合采取秸秆还田、深松整地、科学施肥用药、病虫害绿色防控等措施，自觉保护耕地、提升地力，对粮食生产发展、增加农民收入和保障国家粮食安全发挥着积极作用。农机具购置补贴是国家对购置和更新农业生产所需的农机具给予的补贴，目前覆盖了耕整地、种植施肥、田间管理、收获、排灌、农业废弃物利用处理等共15大类44个小类172个品目的农业机械。农机具购置补贴对改善农业装备结构、提高农机化水平、增强农业综合生产能力、发展现代农业、繁荣农村经济具有重要意义。此外，国家在农业发展、生态保护、金融支持、乡村振兴等方面还有不少补贴和奖励政策。当前按照一般国家政策，农业生产经营者可以享受有关奖补资金。为了更好地引导和支持采取黑土地保护措施，增强农业质量效益和竞争力，促进农民增收，保护和提高农民保护黑土地的积极性，国家要加大相关奖补资金用于黑土地的倾斜力度，建立长期稳定的奖励补助机制。

（三）土地出让收入用于黑土地保护

土地出让收入是地方政府性基金预算收入的重要组成部分。长期以来，土地增值收益取之于农、主要用之于城，有力推动了工业化、城镇化快速发展，但直接用于农业农村比例偏低，对农业农村发展的支持作用发挥不够。党中央、国务院高度重视土地出让收入支持农业农村发展问题，最近几年的中央一号文件都对调整完善土地出让收入使用范围，提高用于农业农村的比例提出了明确要求。2020 年 9 月中共中央办公厅、国务院办公厅印发了《关于调整完善土地出让收入使用范围优先支持乡村振兴的意见》，对稳步提高土地出让收入用于农业农村比例、集中支持乡村振兴重点任务作出了安排部署，总体目标是从“十四五”第一年开始，各省（自治区、直辖市）分年度稳步提高土地出让收入用于农业农村比例；到“十四五”期末，以省（自治区、直辖市）为单位核算，土地出让收益用于农业农村比例达到 50%以上。

2021 年 4 月十三届全国人大常委会审议通过的乡村振兴促进法第六十一条规定，各级人民政府应当坚持取之于农、主要用之于农的原则，按照国家有关规定调整完善土地使用权出让收入使用范围，提高农业农村投入比例，重点用于高标准农田建设、农田水利建设、现代种业提升、农村供水保障、农村人居环境整治、农村土地综合整治、耕地及永久基本农田保护、村庄公共设施建设和管护、农村教育、农村文化和精神文明建设支出，以及与农业农村直接相关的山水林田湖草沙生态保护修复、以工代赈工程建设等。按照乡村振兴促进法的规定，土地使用权出让收入要提高用于农业农村投入比例，并明确了重点领域，其中高标准农田建设、农田水利建设、农村土地整治、耕地及永久基本农田保护、生态保护修复等，是黑土地保护要采取的重要措施。各级人民政府的出让收入用于农业农村的部分，应当将黑土地保护作为重点领域，并加大投入力度。

（四）农业建设项目资金安排要支持黑土地保护

长期以来国家开展了高标准农田、农田水利、水土保持、防沙治沙、农田防护林、土地复垦等建设活动，分别就不同的建设目标形成了多种项目资金渠道。黑土地保护需要综合施策，进行山水林田湖草沙统筹治理。本法对黑土地保护应当采取的农田基础设施建设、提升黑土地质量措施、防沙治沙、黑土地周边环境治理等作出了明确要求。这些措施可以结合已有的相关建设项目加以落实。高标准农田、农田水利、水土保持等建设项目的安排，应当优先考虑支持黑土地保护，满足黑土地保护要求，加大资金投入力度。

为了避免多渠道项目资金重复投入或者使用分散等问

题，提高财政资金使用效果，本条规定县级人民政府可以按照国家有关规定统筹使用涉农资金用于黑土地保护。2016 年国务院办公厅印发《关于支持贫困县开展统筹整合使用财政涉农资金试点的意见》，在贫困县以重点扶贫项目为平台，统筹整合使用财政涉农资金，提高资金使用精准度和效益。2017 年国务院印发《关于探索建立涉农资金统筹整合长效机制的意见》，在全国范围内开展支农资金整合部署，赋予地方必要的统筹涉农资金的自主权，激励地方积极主动作为。一是推进行业内涉农资金整合，实行"大专项+任务清单"的管理模式，有关部门根据各项涉农资金应当保障的政策内容设立任务清单，任务清单分为约束性任务和指导性任务，给予地方不同的整合权限，实施差别化管理。二是推进行业间涉农资金统筹，加强性质相同、用途相近的涉农资金统筹使用，促进功能互补、用途衔接的涉农资金集中投入。黑土地保护相关县级人民政府要按照国家要求，建立健全黑土地保护资金整合相关制度，统筹安排好各类资金，切实提升黑土地保护资金使用效益。

二十三、激励机制

【法律原文】

第二十三条 国家实行用养结合、保护效果导向的激励政策，对采取黑土地保护和治理修复措施的农业生产经营者按照国家有关规定给予奖励补助。

【法律解读】

本条规定国家实行保护黑土地的激励政策。

（一）实行用养结合、保护效果导向的激励政策

保护好黑土地，能够保障黑土地可持续利用，长远来看有利于粮食增产和提高农产品品质，有利于农业现代化，有利于农民增收，但是短期内有些措施可能影响到粮食收成和农民收入。国家要采取措施保障农民收入不降低，让保护者得利、不保护者吃亏，调动好农民保护黑土地的积极性。

要体现好用养结合、保护效果导向。用养结合是本法第四条规定的黑土地保护应当坚持的原则之一，强调既要用好黑土地，又要养好黑土地。针对当前的突出问题，重点是强调要加强保护，在保护中利用，在利用中保护，不搞掠夺式经营，形成良好农业生产经营方式，促进黑土地可持续利用。保护效果就是强调采取保护措施的具体效果。既要考察农业生产经营者采取黑土地保护措施情况，如有没有在农田基础设施建设、开展保护性耕作、实施秸秆还田、增施有机肥、治理侵蚀沟等方面积极行动，又要考察具体保护措施的实际效果，如有没有遏制黑土地退化趋势，提升黑土地质量，改善黑土地生态环境。有关的奖励补助政策应当与黑土地保护采取用养结合的措施和产生的实际效果结合起来。

近年来，国家逐步完善耕地保护激励办法。2017 年 1 月《中共中央国务院关于加强耕地保护和改进占补平衡的意见》提出，积极推进中央和地方各级涉农资金整合，综合考虑耕地保护面积、耕地质量状况、粮食播种面积、粮食产量和粮食商品率，以及耕地保护任务量等因素，统筹安排资金，按照谁保护、谁受益的原则，加大耕地保护补偿力度；鼓励地方统筹安排财政资金，对承担耕地保护任务的农村集体经济组织和农户给予奖补；奖补资金发放要与耕地保护责任落实情况挂钩，主要用于农田基础设施后期管护与修缮、地力培育、耕地保护管理等。

各级人民政府要逐步建立健全黑土地保护相关激励政策，切实保障将黑土地保护措施落到实处并产生良好效果。

（二）对农业生产经营者给予奖励补助

当前国家实行的耕地地力保护补贴、农机具购置补贴以及国家在农业发展、生态保护、金融支持、乡村振兴等方面的各类补贴，要与黑土地保护有效结合，按照国家有关规定奖励补助有关农业生产经营者。国家要不断建立健全对采取黑土地保护和治理修复措施的农业生产经营者给予奖励补助的措施，调动好人民群众保护黑土地的积极性。

二十四、跨地区参与

【法律原文】

第二十四条 国家鼓励粮食主销区通过资金支持、与四省区建立稳定粮食购销关系等经济合作方式参与黑土地保护，建立健全黑土地跨区域投入保护机制。

【法律解读】

本条是粮食主销区参与黑土地保护的规定。

（一）粮食主销区与四省区经济合作的实践

东北黑土区粮食产量约占全国粮食产量的四分之一，粮食商品率高，是粮食市场供应的重要来源，而且粮食品质好，是优质农产品。长期以来，很多省（自治区、直辖市）与四省区坚持政府推动、长期合作、企业自主、市场运作，通过多种方式加强合作。一般来说，主销区政府为了保障粮食市场供给、稳定当地粮食市场价格，与相关主产区地方政府签订协议，建立稳定的粮食基地，双方政府加强协调沟通和发展合作，保障向主销区供应粮食。具体由粮食企业实施，积极投资和建设当地粮食生产、收购、仓储、加工、物流等项目。主销区政府有的向粮食基地所在地方予以直接资金支持用于发展当地粮食产业和加强黑土地保护；有的通过向粮食企业注资的方式支持粮食企业参与发展粮食产业和加强黑土地保护。

粮食主销区与四省区加强合作，能够充分发挥产地资源优势和销售地市场、技术、资金优势，有利于主产区获得稳定的粮食供应，也有利于四省区粮食生产、仓储、加工等方面的水平提升和市场的优质优价销售。

（二）国家鼓励粮食主销区参与黑土地保护

粮食安全是关系到国民经济发展、社会稳定和国家自立的全局性重大战略问题。粮食安全对于保障人们买得到、买得起粮食，享受充足营养、健康的食物非常重要，粮食安全人人受益。保障国家的粮食安全，需要全社会共同努力，各地区都有责任；保护黑土地，需要各方发挥合力。本法第四条规定，建立健全政府主导、农业生产经营者实施、社会参与的保护机制。保护好黑土地，既要中央支持、相关地方政府努力、农业生产经营者积极实施，也需要主销区的积极参与。

粮食主销区与四省区不仅仅是一种购销关系，而是两者要建立一种联系，共同参与黑土地保护。主销区参与黑土地保护的方式，可以是资金支持、建立稳定的粮食购销关系等，也可以依法探索多种经济合作方式。主销区要增强保护黑土地资源的主观能动性，如在粮食有关经济合作活动中要充分贯彻落实好法律关于黑土地保护的有关规定，依法支持主产区实施黑土地保护有关措施，等等。

本条规定了逐步建立健全黑土地跨区域投入保护机制，体现了鼓励主销区等其他地区投入黑土地保护的导向。国家要积极指导和促进建立健全跨地区投入保护机制，粮食经营企业要积极投入黑土地保护，有关地方人民政府之间可以探索黑土地保护投入的稳定合作机制。

二十五、社会参与和提高效益

【法律原文】

第二十五条 国家按照政策支持、社会参与、市场化运作的原则，鼓励社会资本投入黑土地保护活动，并保护投资者的合法权益。

国家鼓励保险机构开展黑土地保护相关保险业务。

国家支持农民专业合作社、企业等以多种方式与农户建立利益联结机制和社会化服务机制，发展适度规模经营，推动农产品品质提升、品牌打造和标准化生产，提高黑土地产出效益。

【法律解读】

本条是关于国家鼓励社会资本、新型农业经营主体等参与黑土地保护，保障提升黑土地产出效益的规定。

（一）鼓励社会资本参与黑土地保护活动

本法第四条规定，国家建立健全政府主导、农业生产经营者实施、社会参与的保护机制。黑土保护具有公益性、基础性、长期性，要发挥政府投入引领作用，调动好农民保护黑土地积极性，同时也要以市场化方式带动社会资本投入，引导企业等各类社会资本积极参与，调动各方面积极参与黑土地保护利用，汇聚保护利用黑土地的强大合力。

县级以上人民政府应当将黑土地保护工作纳入国民经济和社会发展规划，采取财政支持和实施国家规定的税收政策及金融扶持等措施，按照市场化原则，鼓励各类社会资本参与黑土地保护利用的科技研发、机械制造、技术手段和产品推广等，并保护社会资本在黑土地保护利用中的各项权益和合法收益。一是以高标准农田建设为平台，统筹实施大中型灌区改造、小流域综合治理、高标准农田建设、畜禽粪污资源化利用、秸秆综合利用还田、深松整地、绿色种养循环农业、保护性耕作、东北黑土地保护利用试点示范等政策，实行综合治理，形成政策合力。二是继续通过农机购置补贴支持保护性耕作、精量播种、秸秆还田等相关农用机具。三是加大有机肥还田政策支持，有机肥田间贮存和堆沤用地按设施农业用地管理。鼓励企业发展种养循环农业，促进畜禽粪污资源科学还田利用。四是完善落实农业保险保费补贴政策，确保及时足额理赔。在黑土区推进稻谷、小麦、玉米完全成本保险和种植收入保险政策。五是探索将黑土耕地保护措施、轮作休耕制度落实情况与耕地地力补贴、轮作休耕补贴等发放挂钩机制。

（二）鼓励保险机构开展黑土地保护相关保险业务

农业活动受到自然气候条件和市场风险的双重影响，风险比较大。农业保险为农业生产经营者应对风险提供保障，起到稳定农业生产、促进黑土地保护措施落实、保障农民收入的重要作用。农业保险是市场经济国家扶持农业发展的通行做法。在国家大力支持和推动下，我国农业保险快速发展，已经成为应对风险挑战、保障国家粮食安全、促进农业农村现代化的重要手段之一。农业保险与信贷有效结合，有利于创新农村金融产品，优化农村金融环境，促进资金要素流向农业农村。

2012 年国务院制定了《农业保险条例》，其中明确规定，国家支持发展多种形式的农业保险，健全政策性农业保险制度；农业保险实行政府引导、市场运作、自主自愿和协同推进的原则；省、自治区、直辖市人民政府可以确定适合本地区实际的农业保险经营模式。2019 年，财政部、农业农村部、中国银保监会、国家林草局等四部门联合印发《关于加快农业保险高质量发展的指导意见》，提出通过提高农业保险服务能力、优化农业保险运行机制、加强农业保险基础设施建设等多方面举措，推动农业保险高质量发展，更好满足三农领域日益增长的风险保障需求。2021 年，我国农业保险保费收入 976 亿元，为 1.8 亿户次农户提供风险保障超 4.7 万亿元，成为农户灾后重建和恢复生产生活的重要资金来源。近年来，国家以“扩面、增品、提标”为重点，持续推动农业保险高质量发展。财政部、农业农村部、银保监会于 2018 年 8 月共同印发了《关于开展三大粮食作物完全成本保险和收入保险试点工作的通知》，在 13 个粮食主产省份逐步开展试点，完全成本保险金额覆盖了物质与服务费用、人工成本和土地成本等农业生产总成本；收入保险金额体现农产品价格和产量，覆盖农业生产产值。

国家鼓励保险机构结合四省区各地黑土地保护利用实际，增加保险品种，探索黑土地耕地险、产量险、收入险、价格险、农产品质量保证保险等险种，并扩大覆盖面，提高服务能力，以农业保险的高质量发展推动黑土地保护措施落实。

（三）鼓励新型经营主体与农户建立利益联结机制和社会化服务机制

伴随我国工业化、信息化、城镇化和农业现代化进程，农村劳动力大量转移，农业物质技术装备水平不断提高，农户承包土地的经营权流转明显加快。土地流转和适度规模经营有利于优化土地资源配置和提高劳动生产率，有利于保障粮食安全和主要农产品供给，有利于促进农业技术推广应用和农业增效、农民增收，应从我国人多地少、农村情况千差万别的实际出发，积极稳妥地推进。

党的十九大以来，以习近平同志为核心的党中央作出实施乡村振兴战略的重大部署，将构建新型经营体系，实现小农户和现代农业发展有机衔接确立为实施乡村振兴战略的重要任务。党中央高度重视企农利益联结机制问题，支持各类组织与农民建立紧密型利益联结机制，带动小农户增收，促进农民共同富裕。当前，各地探索了多种新型经营主体与农民利益联结机制。一是订单模式。例如，龙头企业与农民签订“农资供应-生产-购销”合同，农户按照企业提供的农业生产资料和生产方案进行农业生产，企业按照合同约定的农产品价格收购，并常伴有二次返利等奖励措施让农民获得产业增值收益，提高农民生产高质量产品的积极性。二是股份合作模式。例如，农户以土地经营权、农机具等入股龙头企业，或先入股农民合作社，合作社再入股或投资兴建龙头企业，农户以股东身份获得收益。三是服务带动模式。例如，社会化服务组织向农户提供生产作业服务、技术服务、农资服务等，实现农户增产提质、节本增效和服务组织的轻资产、高回报运行。当前农业生产托管服务，实现了不改变土地承包经营关系下的适度规模经营。四是多层次融合模式。例如，家庭农场、专业大户、农民专业合作社等主体积极发展农业产业化联合体，并通过与龙头企业对接，带动小农户打通从农业生产向加工、流通、销售、旅游等二三产业环节连接的路径。这种方式可以激发企业、新型农业经营主体和农户的发展潜力，在拓宽农民增收渠道的同时，也催生出更多新产业、新业态、新模式。随着经济社会的发展，新的利益联结机制也会不断发展、创新。

（四）提高黑土地产出效益

黑土地是优质农耕资源，生产的农产品品质好。要通过保护黑土地保障好农产品质量，通过品牌打造和标准化生产实现农产品优质优价，提高黑土地农业综合效益，增加农民收入，调动各方参与保护黑土地的积极性。

二十六、目标考核

【法律原文】

第二十六条 国务院对四省区人民政府黑土地保护责任落实情况进行考核，将黑土地保护情况纳入耕地保护责任目标。

【法律解读】

本条是关于将黑土地保护纳入耕地保护责任目标考核的规定。

（一）关于耕地保护责任目标考核

根据土地管理法、基本农田保护条例等法律法规，我国实行严格的耕地保护制度和节约用地制度，实行耕地占补平衡，严格保护永久基本农田。

为了切实保护耕地，2005年，国务院办公厅印发《省级政府耕地保护责任目标考核办法》，由原国土资源部会同农业部、统计局等有关部门，对各省、自治区、直辖市行政区域内的耕地保有量、基本农田保护面积和耕地占用与补充情况开展考核。随着我国经济发展进入新常态，新型工业化、城镇化的深入推进，耕地后备资源不断减少，实现耕地占补平衡、占优补优的难度日趋加大，激励约束机制尚不健全，耕地保护面临多重压力。为落实关于进一步加强耕地保护、扎实推进高标准农田建设、改进耕地占补平衡管理等方面的要求，2018年，国务院修订完善了《省级政府耕地保护责任目标考核办法》。2023年中央一号文件进一步提出，严格省级党委和政府耕地保护和粮食安全责任制考核。

省级政府耕地保护责任目标考核的主要制度是：（1）各省、自治区、直辖市人民政府对《全国土地利用总体规划纲要》确定的本行政区域内的耕地保有量、永久基本农田保护面积以及高标准农田建设任务负责，省长、自治区主席、直辖市市长为第一责任人。（2）国务院对各省、自治区、直辖市人民政府耕地保护责任目标履行情况进行考核。（3）国务院根据考核结果，对认真履行省级政府耕地保护责任、成效突出的省份给予表扬；有关部门在安排年度土地利用计划、土地整治工作专项资金、耕地提质改造项目和耕地质量提升资金时予以倾斜。考核发现问题突出的省份要明确提出整改措施，限期进行整改；整改期间暂停该省、自治区、直辖市相关市、县农用地转用和土地征收审批。（4）将省级人民政府耕地保护责任目标考核结果，列为省级人民政府主要负责人综合考核评价的重要内容。

各省、自治区、直辖市为了保护耕地，建立了对市、县级人民政府耕地保护责任目标考核机制。

（二）黑土地保护纳入耕地保护责任目标

为了落实好黑土地保护责任，与已有的耕地保护责任目标考核制度相衔接，本法作出了国务院对四省区人民政府黑土地保护责任落实情况进行考核，将黑土地保护情况纳入耕地保护责任目标的规定。按照本法有关规定，四省区人民政府对本行政区域内的黑土地数量、质量、生态环境负责；四省区人民政府在制定黑土地保护相关规划、防止黑土地“非农化”和“非粮化”、严格建设占用和非法用于非农建设、开展黑土地基础设施建设和质量提升等方面都具有重要职责。国务院和东北四省区人民政府应当完善关于黑土地考核的具体办法，体现法律对黑土地保护有关要求，确保法律落到实处。

二十七、监督检查

【法律原文】

第二十七条　县级以上人民政府自然资源、农业农村、水行政等有关部门按照职责，依法对黑土地保护和质量建设情况联合开展监督检查。

【法律解读】

本条是关于对黑土地保护开展监督检查的规定。

黑土地保护涉及多个部门，主要包括自然资源、农业农村、水行政等部门。为了形成工作合力，本法规定国务院和四省区人民政府加强对黑土地保护工作的领导、组织、协调、监督管理，县级以上地方人民政府应当建立多部门组成的黑土地保护协调机制。在具体工作中，本法规定各部门要共同参与，如确定黑土地保护范围、制定黑土地相关标准、开展黑土地调查和监测、编制黑土地保护规划，等等。本条规定在开展黑土地保护监督检查中，各有关部门都要认真履行各自职责，加强监督检查。同时，为了形成监督检查合力，避免重复开展监督检查，本条规定多个部门应当联合开展监督检查。相关部门应当加强沟通和组织协调，统筹安排好监督检查工作，保障好各自职责任务的落实。

按照有关法律法规，以及国务院机构改革的有关精神，自然资源、农业农村和水行政等部门，在黑土地保护中具有各自的职责。国务院自然资源主管部门统一负责全国土地的管理和监督工作。自然资源部门负责组织实施最严格的耕地保护制度，牵头拟订并实施耕地保护政策，负责耕地数量、质量、生态保护；组织实施耕地保护责任目标考核和永久基本农田特殊保护；完善耕地占补平衡制度，监督占用耕地补偿制度执行情况等。农业农村主管部门负责指导农用地、渔业水域以及农业生物物种资源的保护与管理，负责水生野生动植物保护、耕地及永久基本农田质量保护工作；负责有关农业生产资料和农业投入品的监督管理等。水行政部门负责水土保持工作，拟订水土保持规划并监督实施，组织实施水土流失的综合防治、监测预报并定期公告等。根据国务院赋予的职能，自然资源主管部门重点负责黑土地数量保护的监督检查，农业农村部门重点负责黑土地质量建设和保护的监督检查，水行政部门主要负责黑土地水土流失的监督检查等工作。黑土地保护的很多工作是各部门共同实施的，有关部门要共同开展好监督检查。

黑土地保护监督检查的内容，主要包括：黑土地数量情况的检查，如黑土地占用或者损毁情况、黑土地占补平衡情况等；黑土地质量建设情况的检查，如高标准农田建设情况、培肥改良情况、保护性耕作情况、合理轮作情况、黑土地质量监测点建设情况；黑土地生态情况的检查，如土壤被风蚀和水蚀的情况、侵蚀沟治理情况、黑土地沙化和盐碱化情况、周边林地草地湿地等的保护和治理情况，以及黑土地资金投入和使用效果、黑土地保护激励政策情况、农业投入品使用情况等方面的监督检查。黑土地保护监督检查有多种形式：一是考核监督检查。为落实粮食安全责任制、耕地保护责任目标而实施的监督检查。二是例行监督检查。由各级人民政府根据本区域实际情况，定期开展常规性的日常监督检查。通过监督检查及早发现黑土地保护现存和潜在的问题，及时采取保护措施。三是专项监督检查。针对特殊事项开展的监督检查，如专门开展黑土地盗挖、滥挖和非法买卖，非法占用黑土地建房，黑土地质量退化严重，黑土地污染等重大问题的监督检查，推动解决重大问题，形成震慑力量，切实保护好黑土地。

二十八、人大监督

【法律原文】

第二十八条 县级以上人民政府应当向本级人民代表大会或者其常务委员会报告黑土地保护情况，依法接受监督。

【法律解读】

本条是关于黑土地保护情况要接受人大监督的规定。

听取政府工作报告是人大行使监督权的一种方式。向本级人民代表大会或其常务委员会报告工作是实现人大对黑土地保护工作监督的重要途径。人大监督是宪法和法律规定的一项重要制度，是外部监督的一种重要手段。发挥人大监督在黑土地保护中的重要作用，有助于本级人民政府在黑土地保护工作中更好履行职责和规范行为，及时发现问题和解决问题。

县级以上人民政府向本级人大报告工作，可以向人民代表大会报告，也可以向人民代表大会常务委员会报告。向人民代表大会所作的政府工作报告内容是整体的、全面的、主要的工作，向人民代表大会常务委员会的报告一般是政府专项工作报告。通过听取和审议人民政府的黑土地保护情况的工作报告，可以将人民政府开展黑土地保护情况进行人大监督，督促人民政府及其有关部门加强法律的贯彻实施，发现存在的问题并及时改进工作，切实保障黑土地保护法落实落地。通过人大监督，能够更好地让人大代表和广大人民群众了解黑土地保护工作的具体情况，提出改进工作的意见建议，形成全社会参与和关心黑土地保护的良好氛围。

二十九、法律责任

【法律原文】

第二十九条 违反本法规定，国务院农业农村、自然资源等有关部门、县级以上地方人民政府及其有关部门有下列行为之一的，对直接负责的主管人员和其他直接责任人员给予警告、记过或者记大过处分；情节较重的，给予降级或者撤职处分；情节严重的，给予开除处分：

（一）截留、挪用或者未按照规定使用黑土地保护资金；

（二）对破坏黑土地的行为，发现或者接到举报未及时查处；

（三）其他不依法履行黑土地保护职责导致黑土地资源和生态环境遭受破坏的行为。

【法律解读】

本条是关于国家机关未依法履行黑土地保护职责的法律责任的规定。

（一）承担本条规定法律责任的主体是有关国家机关的工作人员

建立健全政府主导、农业生产经营者实施、社会参与的黑土地保护机制，国家机关依法履职起到至关重要的作用。国务院农业农村、自然资源主管部门在落实土地管理法律法规、保护耕地数量和质量等方面具有重要的监督和管理职责，应当依法承担应有法律责任。本条规定的国家机关还包括国务院其他有关部门，如水行政、发展改革、财政、生态环境、科技、公安、交通运输、市场监督管理等部门，以及县级以上地方人民政府及其有关部门。在涉及有关国家机关未依照本法规定履行职责，有法不依、执法不严、违法不究，滥用职权、玩忽职守、徇私舞弊等，导致黑土地资源和生态环境遭受破坏的，要依照本条规定追究其主管人员和其他直接责任人员的法律责任。

（二）本条规定的违法行为

本条规定的违法行为，是有关国家机关不依法履行黑土地保护职责的行为。

1. 截留、挪用或者未按照规定使用黑土地保护资金。本法第二十二条规定国家建立健全黑土地保护财政投入保障制度，第二十三条规定对农业生产经营者的奖励补助，此外，有关条款对表彰和奖励等作出规定。加大黑土地保护投入和发放有关黑土地保护奖励、补贴、补助，都涉及黑土地保护资金的管理问题。为了保障资金的及时、足额发放，提高资金使用效率，调动农业生产经营者保护黑土地积极性，本条对截留、挪用或者未按照规定使用黑土地保护资金设定了法律责任。截留，是指不及时、不足额拨付黑土地保护资金；挪用，是指不经合法批准，擅自将黑土地保护资金使用到其他方面；未按规定使用，是指资金用于黑土地保护但是违反了资金有关使用和管理制度。

2. 对破坏黑土地的行为，发现或者接到举报未及时查处。对破坏黑土地的行为，有关部门可能在主动监督检查中发现，也可能通过人民群众的监督举报知晓。无论对于哪种情况，有关部门都应当秉公执法，依法进行查处，不属于本部门执法职责范围的，应当按照程序移送有管辖权的部门。不依法查处，或者不按规定移送的，属于未依法履行职责的行为，应当依法受到责任追究。

3. 其他不依法履行黑土地保护职责导致黑土地资源和生态环境遭受破坏的行为。以上两种情况属于比较典型的国家机关违法行为。国务院农业农村、自然资源等有关部门、县级以上地方人民政府及其有关部门，还可能存在其他违法行为，如未依照本法制定规划和计划、开展调查监测、进行信息公开、采取黑土地保护措施等违法行为。对这些违法行为，要依照本条规定追究法律责任。

（三）本条规定的承担法律责任的形式

有关国家机关未依法履行黑土地保护职责的，对直接负责的主管人员和其他直接责任人员给予警告、记过或者记大过处分；情节较重的，给予降级或者撤职处分；情节严重的，给予开除处分。处分是国家机关根据有关法律，对因违纪违法应当承担纪律责任的公职人员给予的一种制裁。处分包括一般处分和政务处分，根据公务员法第六十二条的规定，处分分为警告、记过、记大过、降级、撤职和开除。具体应当给予哪一种处分，由有权作出处分决定的机关根据违法性质、情节及认错表现决定。

本法第三十六条规定，违反本法规定，构成犯罪的，依法追究刑事责任。根据情节和对社会造成的危害后果，如果违法行为达到了刑法规定的定罪标准的，要依照刑法的规定追究刑事责任。

（四）作出处分决定的机关

国务院农业农村、自然资源等有关部门、县级以上地方人民政府及其有关部门的工作人员都属于公职人员。根据公务员法第六十一条的规定，公务员因违纪违法应当承担纪律责任的，依照该法给予处分或者由监察机关依法给予政务处分。公职人员政务处分法第三条规定，监察机关应当按照管理权限，加强对公职人员的监督，依法给予违法的公职人员政务处分。实施本条规定处分的主体可以是任免机关，也可以是监察机关。对同一公职人员的同一违法行为，监察机关已经给予政务处分的，任免机关、单位不再给予处分；任免机关、单位已经给予处分的，监察机关不再给予政务处分。公职人员任免机关、单位应当依照管理权限，加强对公职人员的教育、管理、监督，依法给予违法的公职人员处分。

【法律原文】

第三十条　非法占用或者损毁黑土地农田基础设施的，由县级以上地方人民政府农业农村、水行政等部门责令停止违法行为，限期恢复原状，处恢复费用一倍以上三倍以下罚款。

【法律解读】

本条是关于非法占用或者损毁黑土地农田基础设施的法律责任的规定。

农田灌排设施、道路、电网等基础设施是保护黑土地资源，稳步恢复提升黑土地基础地力，促进资源可持续利用的重要基础设施。本法第十二条专门就加强农田基础设施建设作出规定。对于非法占用或者损毁黑土地农田基础设施的，要承担本条规定的法律责任。

（一）本条规定的违法行为

本条规定的要承担法律责任的违法行为：一是非法占用黑土地农田基础设施；二是损毁黑土地农田基础设施。非法占用农田基础设施是指无合法根据而占用农田基础设施，导致农田基础设施功能减弱或者消失，纠正占用行为后农田基础设施功能能够得到恢复的行为，如在灌溉或者排水沟渠上堆放阻碍水流的物体，占用农田道路妨碍农机具作业等。损毁农田基础设施是指造成农田基础设施毁坏，使农田基础设施功能丧失，需要重新建设才能恢复农田基础设施功能的行为，如通过挖掘、爆破等行为导致灌排设施、农田道路被毁坏的行为。

（二）本条规定的承担法律责任的形式

本条主要规定了占用或者损毁农田基础设施应当承担的行政处罚责任，由有关主管部门责令停止违法行为、限期恢复原状和处以罚款。

1. 责令停止违法行为。县级以上地方人民政府农业农村、水行政等部门责令非法占用或者损毁黑土地农田基础设施的违法行为人停止违法行为。违法行为人应当立即停止非法占用或者正在实施的损毁黑土地农田基础设施的行为。

2. 限期恢复原状。县级以上地方人民政府农业农村、水行政等部门责令违法行为人限期恢复被非法占用或者损毁的黑土地农田基础设施的原状。违法行为人应当按照规定的期限完成恢复，该拆除的拆除，该搬走的搬走，将非法占用的和损毁的黑土地农田基础设施，恢复到可继续使用的状态。恢复原状可以由违法行为人自行实施，也可以由有关部门代为实施，但恢复费用应当由违法行为人承担。

3. 罚款。对非法占用或者损毁黑土地农田基础设施的，由县级以上地方人民政府农业农村、水行政等部门处恢复费用一倍以上三倍以下罚款，具体罚款倍数依据情节轻重决定。县级以上地方人民政府农业农村、水行政等部门应当准确核算恢复原状所需费用，作为决定罚款数额的依据。

本法第三十六条规定，违反本法规定，构成犯罪的，依法追究刑事责任。对于非法占用或者损毁黑土地农田基础设施，除本条规定的行政处罚责任外，根据情节和对社会造成的危害后果，相关人员的违法行为达到了刑法规定的定罪标准的，要依照刑法的规定追究刑事责任。

【法律原文】

第三十一条 违法将黑土地用于非农建设的，依照土地管理等有关法律法规的规定从重处罚。

违反法律法规规定，造成黑土地面积减少、质

量下降、功能退化或者生态环境损害的，应当依法治理修复、赔偿损失。

农业生产经营者未尽到黑土地保护义务，经批评教育仍不改正的，可以不予发放耕地保护相关补贴。

【法律解读】

本条是关于破坏黑土地的法律责任的规定。

（一）违法将黑土地用于非农建设的法律责任

违法将黑土地用于非农建设的，依照土地管理等有关法律法规的规定从重处罚。

本法规定的黑土地属于耕地。对于违法将耕地用于非农建设的，土地管理法律法规作出了规定。本条对违法将黑土地用于非农建设的，作出了与土地管理法律法规的衔接性规定，即依据土地管理法律法规从重处罚。土地管理法律法规对违法将耕地用于非农建设的法律责任，主要有以下内容：

1. 土地管理法第七十四条规定，买卖或者以其他形式非法转让土地的，由县级以上人民政府自然资源主管部门没收违法所得；对违反土地利用总体规划擅自将农用地改为建设用地的，限期拆除在非法转让的土地上新建的建筑物和其他设施，恢复土地原状，对符合土地利用总体规划的，没收在非法转让的土地上新建的建筑物和其他设施，可以并处罚款；对直接负责的主管人员和其他直接责任人员，依法给予处分；构成犯罪的，依法追究刑事责任。土地管理法实施条例第五十四条规定，依照《中华人民共和国土地管理法》第七十四条的规定处以罚款的，罚款额为违法所得的10%以上50%以下。

2. 土地管理法第七十五条规定，违反本法规定，占用耕地建窑、建坟或者擅自在耕地上建房、挖砂、采石、采矿、取土等，破坏种植条件的，或者因开发土地造成土地荒漠化、盐渍化的，由县级以上人民政府自然资源主管部门、农业农村主管部门等按照职责责令限期改正或者治理，可以并处罚款；构成犯罪的，依法追究刑事责任。土地管理法实施条例第五十五条规定，依照《中华人民共和国土地管理法》第七十五条的规定处以罚款的，罚款额为耕地开垦费的五倍以上十倍以下；破坏黑土地等优质耕地的，从重处罚。

3. 土地管理法第七十七条规定，未经批准或者采取欺骗手段骗取批准，非法占用土地的，由县级以上人民政府自然资源主管部门责令退还非法占用的土地，对违反土地利用总体规划擅自将农用地改为建设用地的，限期拆除在非法占用的土地上新建的建筑物和其他设施，恢复土地原状，对符合土地利用总体规划的，没收在非法占用的土地上新建的建筑物和其他设施，可以并处罚款；对非法占用土地单位的直接负责的主管人员和其他直接责任人员，依法给予处分；构成犯罪的，依法追究刑事责任；超过批准的数量占用土地，多占的土地以非法占用土地论处。土地管理法实施条例第五十七条规定，依照《中华人民共和国土地管理法》第七十七条的规定处以罚款的，罚款额为非法占用土地每平方米 100 元以上 1000 元以下。

4. 土地管理法第七十八条规定，农村村民未经批准或者采取欺骗手段骗取批准，非法占用土地建住宅的，由县级以上人民政府农业农村主管部门责令退还非法占用的土地，限期拆除在非法占用的土地上新建的房屋；超过省、自治区、直辖市规定的标准，多占的土地以非法占用土地论处。

5. 土地管理法第八十二条规定，擅自将农民集体所有的土地通过出让、转让使用权或者出租等方式用于非农业建设，或者违反本法规定，将集体经营性建设用地通过出让、出租等方式交由单位或者个人使用的，由县级以上人民政府自然资源主管部门责令限期改正，没收违法所得，并处罚款。土地管理法实施条例第六十条规定，依照《中华人民共和国土地管理法》第八十二条的规定处以罚款的，罚款额为违法所得的 10%以上 30%以下。

6. 其他法律法规。耕地保护相关的其他法律以及农村基本农田保护条例等相关行政法规对耕地保护的规定，同样适用于黑土地。

需要注意的是，从重处罚是指在有关法律法规规定的处罚种类和幅度范围内对违法者适用较重的处罚。也就是说，违法将黑土地用于非农建设的，要在土地管理法律法规规定的处罚种类和幅度范围内承担责任，但是比在一般耕地上的违法行为处罚要重。

（二）造成黑土地面积减少、质量下降、功能退化或者生态环境损害的法律责任

违反法律法规规定，造成黑土地面积减少、质量下降、功能退化或者生态环境损害的，应当依法治理修复、赔偿损失。

本条规定的造成黑土地面积减少、质量下降、功能退化或者生态环境损害的原因，应当是违反法律法规规定造成的，即由于人为因素主动导致或者本可以采取措施预防而未采取措施导致的。由于不可抗力导致的黑土地面积减少、质量下降、功能退化或者生态环境损害的，相关主体不承担责任。违法占用黑土地、违法将黑土地用于非农建设、盗挖滥挖黑土、不积极治理侵蚀沟等行为都可能造成黑土地面积减少；长期掠夺性经营，不积极开展秸秆还田、采用保护性耕作措施、增施有机肥，都可能造成黑土地质量下降。违法向黑土地大量倾倒垃圾，破坏黑土地周边林地、草原、湿地，破坏农田防护林和农田灌排设施，违法施用农药、化肥、除草剂等，都可能造成黑土地生态环境损害。只要违反法律法规规定，主动或者不作为造成了黑土地面积减少、质量下降、功能退化或者生态环境损害的后果，都应承担法律责任。

本条规定的承担责任的主体可以是农业生产经营者、盗挖滥挖者、建设项目主体以及其他相关违法主体。

本条主要规定了有关违法行为的民事责任，包括治理修复、赔偿损失等。民法典第一千二百二十九条规定，因污染环境、破坏生态造成他人损害的，侵权人应当承担侵权责任。第一千二百三十四条规定，违反国家规定造成生态环境损害，生态环境能够修复的，国家规定的机关或者法律规定的组织有权请求侵权人在合理期限内承担修复责任；侵权人在期限内未修复的，国家规定的机关或者法律规定的组织可以自行或者委托他人进行修复，所需费用由侵权人负担。治理修复，即对受到破坏的黑土地进行治理和修复，如用于非农建设的应当恢复耕地用途、盗挖滥挖的应当回填并平整土地、土地质量下降的应当大力开展秸秆还田或者轮作休耕等，通过多种措施恢复黑土地原有状况和功能。赔偿损失，是指对他人造成损失的，应当依法予以赔偿，如土地经营者破坏黑土地的，应当依法对承包方或者发包方进行赔偿。

（三）农业生产经营者未尽到黑土地保护义务的法律责任

农业生产经营者未尽到黑土地保护义务，经批评教育仍不改正的，可以不予发放耕地保护相关补贴。

对农业生产经营者保护黑土地，国家实行鼓励为主、处罚为辅的法律导向。本法第十七条规定，农村集体经济组织、农业企业、农民专业合作社、农户等应当十分珍惜和合理利用黑土地，加强农田基础设施建设，因地制宜应用保护性耕作等技术，积极采取提升黑土地质量和改善农田生态环境的养护措施，依法保护黑土地。本法第二十三条规定，对采取黑土地保护和治理修复措施的农业生产经营者按照国家有关规定给予奖励补助。向农业生产经营者发放耕地保护相关补贴，是为了调动其保护耕地和抓好粮食生产的积极性，同时也是国家保护农民利益、促进农民增收的重要措施，涉及千家万户和广大农民群众。一般情况下应当按照国家规定及时足额发放对农业生产经营者的耕地保护相关补贴。但是在特殊情况下，一些农业生产经营者拒绝履行黑土地保护义务，而且情节特别严重或者造成了重大经济社会影响的，也应当有一定的处罚措施。对于农业生产经营者不履行黑土地保护义务的处罚，应当把握以下几点：一是处罚要有明确可靠的依据，是个别情况下的严重违法行为。如倾倒垃圾、大量滥挖黑土等违法行为，情节比较严重，而且易于界定。二是应当先批评教育为主。通过批评教育，给予农业生产经营者了解错误和及时改正错误的机会。三是可以不予发放相关补贴。对于已经发放的补贴，不能强行收回；对于将来要发放的补贴，要明确告知农业生产经营者予以改正，及时改正的，要继续发放有关补贴；经批评教育仍不改正有关行为的，可以不予发放有关补贴。

【法律原文】

第三十二条　违反本法第二十条规定，盗挖、滥挖黑土的，依照土地管理等有关法律法规的规定从重处罚。

非法出售黑土的，由县级以上地方人民政府市场监督管理、农业农村、自然资源等部门按照职责分工没收非法出售的黑土和违法所得，并处每立方米五百元以上五千元以下罚款；明知是非法出售的黑土而购买的，没收非法购买的黑土，并处货值金额一倍以上三倍以下罚款。

【法律解读】

本条是盗挖、滥挖、非法买卖黑土的法律责任的规定。

本法第二十条规定，任何组织和个人不得破坏黑土地资源和生态环境；禁止盗挖、滥挖和非法买卖黑土。本条针对有关违法行为设定了法律责任。

（一）关于盗挖、滥挖黑土的法律责任

黑土是优质的土地资源。近年来，一些不法分子为了谋取巨大利益而盗挖和滥挖黑土并在市场上出售，破坏了土地资源，带来了生态环境损害，严重影响了农业综合生产能力，威胁到国家粮食安全和农民增收。2021 年，黑龙江省五常市发生一起盗采泥炭资源、破坏耕地案件，当地有九万多平方米的黑土被盗挖。2022 年 5 月，最高人民检察院公布了该案件的处理结果，盗挖黑土的四人被哈尔滨市中级人民法院以非法采矿罪判处有期徒刑及民事赔偿，并承担回填、修复等费用。盗挖滥挖案件引起了社会巨大反响，普遍要求完善相关法律责任。

本条规定与土地管理法律法规相衔接，规定盗挖、滥挖黑土的，依照土地管理等有关法律法规的规定从重处罚。土地管理法第七十五条规定，违反本法规定，占用耕地建窑、建坟或者擅自在耕地上建房、挖砂、采石、采矿、取土等，破坏种植条件的，或者因开发土地造成土地荒漠化、盐渍化的，由县级以上人民政府自然资源主管部门、农业农村主管部门等按照职责责令限期改正或者治理，可以并处罚款；构成犯罪的，依法追究刑事责任。土地管理法实施条例第五十五条规定，依照土地管理法第七

十五条的规定处以罚款的，罚款额为耕地开垦费的五倍以上十倍以下；破坏黑土地等优质耕地的，从重处罚。根据土地管理法第三十条的规定，耕地开垦费应当按照省、自治区、直辖市的规定缴纳。实践中，各省制定的耕地开垦费标准不一，在每平方米二十元至一百三十元之间。在黑土地上盗挖滥挖黑土的，应当按照以上土地管理法律法规的规定从重处罚。

（二）关于非法买卖黑土的法律责任

不法分子盗挖滥挖黑土，归根结底是要到市场上出售，才能获得巨大利益。因此，要彻底阻断利益链条，不仅要对盗挖滥挖黑土环节设定法律责任，还要在黑土出售环节设定法律责任，同时对购买黑土的，也要设定法律责任。

有关部门从盗挖滥挖的源头切实掌握了黑土流向的，要没收黑土和违法所得，并处每立方米五百元以上五千元以下罚款；在市场上出售的黑土，销售者公开标榜是东北黑土并且没有证据证明其合法来源的，也要没收黑土和违法所得，并处每立方米五百元以上五千元以下罚款。需要说明的是，只要非法出售的黑土来自于东北四省区相关区域，不论交易地点在哪里，既可能在东北四省区范围内也可能在其他省份，既可能在集贸市场上也可能在网络平台上，都可以依照本条进行处罚。

对于明知是非法出售的黑土而购买的，要承担黑土被没收，并处货值金额一倍以上三倍以下罚款的法律责任。黑土的土壤类型较多，一般购买者为了养花等而去购买营养土等，往往并不了解所购买的是不是东北黑土。所以本条只针对明知是非法出售的黑土而购买的情形设定了法律责任。例如，对于主动联络购买黑土的，要承担应有法律责任；在集贸市场上或者网络平台上公开标榜为东北黑土的，要拒绝购买，否则要承担相应法律责任。

因为建设用地的表土层剥离而依法就近再利用的黑土，依照向自然资源主管部门备案的方案依法进行出售或者购买的，属于合法出售和购买行为，不应予以处罚。对于这种情况，销售者应当明示出售黑土的依据。销售者不应当超出备案方案的数量销售黑土，否则也要承担法律责任。

县级以上地方人民政府市场监督管理、农业农村、自然资源等部门按照职责分工对非法买卖黑土地行为实施处罚。依照行政处罚法第二十九条的规定，对当事人的同一个违法行为，不得给予两次以上罚款的行政处罚。所以对于同一个销售或者购买黑土的违法行为，某个部门实施了行政处罚的，不论哪个部门不得再次给予行政处罚。

【法律原文】

第三十三条 违反本法第二十一条规定，建设项目占用黑土地未对耕作层的土壤实施剥离的，由县级以上地方人民政府自然资源主管部门处每平方米一百元以上二百元以下罚款；未按照规定的标准对耕作层的土壤实施剥离的，处每平方米五十元以上一百元以下罚款。

【法律解读】

本条是对未按照规定对耕作层的土壤进行剥离的法律责任。

本法第二十一条规定，建设项目占用黑土地的，应当按照规定的标准对耕作层的土壤进行剥离。本条针对相关违法行为设定了法律责任。

土地管理法第三十一条规定，县级以上地方人民政府可以要求占用耕地的单位将所占用耕地耕作层的土壤用于新开垦耕地、劣质地或者其他耕地的土壤改良。土地管理法实施条例第十一条规定，县级以上地方人民政府应当采取措施，预防和治理耕地土壤流失、污染，有计划地改造中低产田，建设高标准农田，提高耕地质量，保护黑土地等优质耕地，并依法对建设所占用耕地耕作层的土壤利用作出合理安排；非农业建设依法占用永久基本农田的，建设单位应当按照省、自治区、直辖市的规定，将所占用耕地耕作层的土壤用于新开垦耕地、劣质地或者其他耕地的土壤改良。本条规定与土地管理法律法规相衔接，对所占用黑土地耕作层的剥离作了更为具体、更为严格的规定，目的是使优质黑土资源能够充分利用到耕地保护之中。

未对耕作层的土壤实施剥离的，由县级以上地方人民政府自然资源主管部门予以处罚，依照被破坏的耕作层面积处以每平方米一百元以上二百元以下罚款；虽然进行了耕作层剥离但是未按照规定的标准实施的，依照被破坏的耕作层面积处以每平方米五十元以上一百元以下罚款。这里的“规定的标准”是指依照本法第二十一条关于表土剥离和再利用的“具体办法由四省区人民政府分别制定”的规定，由四省区人民政府规定的标准。2022 年 7 月吉林省出台《吉林省建设占用耕地耕作层土壤剥离利用管理办法》，2021 年 7 月黑龙江省出台《关于建设占用耕地耕作层土壤剥离利用工作的指导意见（试行）》，2022 年 3 月内蒙古自治区自然资源厅印发《关于规范自治区建设占用黑土耕地表土剥离管理工作的通知》。根据法律法规要求，各省关于表土剥离的规定还将逐步完善。

【法律原文】

第三十四条　拒绝、阻碍对黑土地保护情况依法进行监督检查的，由县级以上地方人民政府有关部门责令改正；拒不改正的，处二千元以上二万元以下罚款。

【法律解读】

本条是关于拒绝、阻碍对黑土地保护情况依法进行监督检查的法律责任的规定。

根据本法第六条的规定，县级以上地方人民政府应当建立农业农村、自然资源、水行政、发展改革、财政、生态环境等有关部门组成的黑土地保护协调机制；第二十七条规定，县级以上人民政府自然资源、农业农村、水行政等有关部门按照职责，依法对黑土地保护和质量建设情况联合开展监督检查。为了加强黑土地保护，县级以上地方人民政府有关部门可以对国有农场、农村集体经济组织、农业企业、农民专业合作社、农户等依法保护黑土地的情况开展监督检查，督促有关黑土地保护措施落到实处。本条规定了拒绝、阻碍依法进行的监督检查行为的法律责任，以保障县级以上地方人民政府有关部门依法有效开展监督检查活动。这里所指的相关监督检查活动必须是依照法律法规等依法实施的行为，对于不符合法律法规等规定的程序、条件和要求的监督检查，相对人有权拒绝。

对拒绝、阻碍县级以上地方人民政府有关部门依法实施监督检查的，有关部门应当首先责令改正。责令改正不属于行政处罚法规定的行政处罚种类，而是纠正违法行为的手段，是给予当事人改正违法行为的机会。对于被责令改正后仍然拒绝、阻碍实施监督检查活动的，有关部门依法对其处以二千元以上二万元以下的罚款。

【法律原文】

第三十五条　造成黑土地污染、水土流失的，分别依照污染防治、水土保持等有关法律法规的规定从重处罚。

【法律解读】

本条是关于造成黑土地污染和水土流失的违法行为的法律责任的规定。

本条与土壤污染防治、水土流失相关法律法规衔接，规定对造成黑土地污染、水土流失的，依照有关法律法规从重处罚，即在上述有关法律法规规定的处罚方式和幅度内，在数种处罚方式中选择较为严厉的处罚方式，或者在某一处罚方式允许的幅度内予以较为严厉的处罚。

（一）造成黑土地污染的法律责任

当前我国针对固体废物污染、水污染、大气污染、噪声污染、土壤污染、放射性污染等制定了预防和治理法律，其中土壤污染防治法与黑土地污染治理密切相关，水污染防治法、固体废物污染环境防治法等法律与防治黑土地污染有一定关系。违反污染防治有关法律造成黑土地污染的，要从重处罚。

违反土壤污染防治法，造成了黑土地污染，要依法承担法律责任。土壤污染防治法的主要规定有：（1）第八十七条规定，违反法律，向农用地排放重金属或者其他有毒有害物质含量超标的污水、污泥，以及可能造成土壤污染的清淤底泥、尾矿、矿渣等的。由地方人民政府生态环境主管部门责令改正，处十万元以上五十万元以下的罚款；情节严重的，处五十万元以上二百万元以下的罚款，并可以将案件移送公安机关，对直接负责的主管人员和其他直接责任人员处五日以上十五日以下的拘留；有违法所得的，没收违法所得。（2）第八十八条规定，违反法律，农业投入品生产者、销售者、使用者未按照规定及时回收肥料等农业投入品的包装废弃物或者农用薄膜，或者未按照规定及时回收农药包装废弃物交由专门的机构或者组织进行无害化处理的，由地方人民政府农业农村主管部门责令改正，处一万元以上十万元以下的罚款；农业投入品使用者为个人的，可以处二百元以上二千元以下的罚款。(3)第八十九条规定，违反法律，将重金属或者其他有毒有害物质含量超标的工业固体废物、生活垃圾或者污染土壤用于土地复垦的，由地方人民政府生态环境主管部门责令改正，处十万元以上一百万元以下的罚款；有违法所得的，没收违法所得。(4)第九十一条规定，违反法律，未单独收集、存放开发建设过程中剥离的表土的，实施风险管控、修复活动对土壤、周边环境造成新的污染的，转运污染土壤，未将运输时间、方式、线路和污染土壤数量、去向、最终处置措施等提前报所在地和接收地生态环境主管部门等行为，由地方人民政府生态环境主管部门责令改正，处十万元以上五十万元以下的罚款；情节严重的，处五十万元以上一百万元以下的罚款；有违法所得的，没收违法所得；对直接负责的主管人员和其他直接责任人员处五千元以上二万元以下的罚款。(5)第九十一条、第九十四条等条款规定，对土壤污染责任人或者土地使用权人未按照规定实施风险管控和修复等违法行为规定了法律责任。

违反水污染防治法，造成了水污染，进而可能通过灌溉等途径造成黑土地污染，要依法承担法律责任。水污染防治法第八十五条规定，有下列行为之一的，由县级以上地方人民政府环境保护主管部门责令停止违法行为，限期采取治理措施，消除污染，处以罚款；逾期不采取治理措施的，环境保护主管部门可以指定有治理能力的单位代为治理，所需费用由违法者承担：(1) 向水体排放油类、酸液、碱液的；(2) 向水体排放剧毒废液，或者将含有汞、镉、砷、铬、铅、氰化物、黄磷等的可溶性剧毒废渣向水体排放、倾倒或者直接埋入地下的；(3) 在水体清洗装贮过油类、有毒污染物的车辆或者容器的；(4) 向水体排放、倾倒工业废渣、城镇垃圾或者其他废弃物，或者在江河、湖泊、运河、渠道、水库最高水位线以下的滩地、岸坡堆放、存贮固体废弃物或者其他污染物的；(5) 向水体排放、倾倒放射性固体废物或者含有高放射性、中放射性物质的废水的；(6) 违反国家有关规定或者标准，向水体排放含低放射性物质的废水、热废水或者含病原体的污水的；(7) 未采取防渗漏等措施，或者未建设地下水水质监测井进行监测的；(8) 加油站等的地下油罐未使用双层罐或者采取建造防渗池等其他有效措施，或者未进行防渗漏监测的；(9) 未按照规定采取防护性措施，或者利用无防渗漏措施的沟渠、坑塘等输送或者存贮含有毒污染物的废水、含病原体的污水或者其他废弃物的。有前款第三项、第四项、第六项、第七项、第八项行为之一的，处二万元以上二十万元以下的罚款。有前款第一项、第二项、第五项、第九项行为之一的，处十万元以上一百万元以下的罚款；情节严重的，报经有批准权的人民政府批准，责令停业、关闭。

违反固体废物污染环境法，未合法贮存、处置工业固体废物、生活垃圾建筑垃圾、农业固体废物等污染了黑土地的，要依法承担法律责任。固体废物污染环境防治法的主要规定有：（1）按照第一百零二条的规定，在生态保护红线区域、永久基本农田集中区域和其他需要特别保护的区域内，建设工业固体废物、危险废物集中贮存、利用、处置的设施、场所和生活垃圾填埋场的，由生态环境主管部门责令改正，处十万元以上一百万元以下的罚款，没收违法所得；情节严重的，报经有批准权的人民政府批准，可以责令停业或者关闭。（2）第一百零七条规定，从事畜禽规模养殖未及时收集、贮存、利用或者处置养殖过程中产生的畜禽粪污等固体废物的，由生态环境主管部门责令改正，可以处十万元以下的罚款；情节严重的，报经有批准权的人民政府批准，责令停业或者关闭。此外，擅自倾倒、堆放、丢弃、遗撒固体废物造成黑土地污染的，也要承担应有法律责任。

（二）造成黑土地水土流失的法律责任

水土保持法及水土保持法实施条例对预防和治理水土流失，保护和合理利用水土资源，减轻水、旱、风沙灾害等作出了规定。本法坚持山水林田湖草沙统筹治理，对防治黑土地被水蚀，以及治理侵蚀沟和保护黑土地周边林地、草地、湿地和黑土地周边荒山荒坡治理作出了规定。违反水土保持有关法律造成黑土地水土流失的，要依法承担法律责任，并予以从重处罚。水土保持法的主要规定有：(1) 第四十八条规定，违反法律，在崩塌、滑坡危险区或者泥石流易发区从事取土、挖砂、采石等可能造成水土流失的活动的，由县级以上地方人民政府水行政主管部门责令停止违法行为，没收违法所得，对个人处一千元以上一万元以下的罚款，对单位处二万元以上二十万元以下的罚款。(2) 第四十九条规定，违反法律，在禁止开垦坡度以上陡坡地开垦种植农作物，或者在禁止开垦、开发的植物保护带内开垦、开发的，由县级以上地方人民政府水行政主管部门责令停止违法行为，采取退耕、恢复植被等补救措施；按照开垦或者开发面积，可以对个人处每平方米二元以下的罚款、对单位处每平方米十元以下的罚款。(3) 第五十条规定，违反法律，毁林、毁草开垦的，依照《中华人民共和国森林法》《中华人民共和国草原法》的有关规定处罚。(4) 第五十一条规定，违反法律，采集发菜，或者在水土流失重点预防区和重点治理区铲草皮、挖树兜、滥挖虫草、甘草、麻黄等的，由县级以上地方人民政府水行政主管部门责令停止违法行为，采取补救措施，没收违法所得，并处违法所得一倍以上五倍以下的罚款；没有违法所得的，可以处五万元以下的罚款。在草原地区有前款规定违法行为的，依照《中华人民共和国草原法》的有关规定处罚。(5) 第五十二条规定，在林区采伐林木不依法采取防止水土流失措施的，由县级以上地方人民政府林业主管部门、水行政主管部门责令限期改正，采取补救措施；造成水土流失的，由水行政主管部门按照造成水土流失的面积处每平方米二元以上十元以下的罚款。(6) 第五十六条规定，违反法律，开办生产建设项目或者从事其他生产建设活动造成水土流失，不进行治理的，由县级以上人民政府水行政主管部门责令限期治理；逾期仍不治理的，县级以上人民政府水行政主管部门可以指定有治理能力的单位代为治理，所需费用由违法行为人承担。

【法律原文】

第三十六条　违反本法规定，构成犯罪的，依法追究刑事责任。

【法律解读】

本条是黑土地有关违法行为承担刑事责任的规定。

本条与刑法相衔接。所有与黑土地保护有关的主体，包括政府及其有关部门的工作人员、农业生产经营者、各类单位或者个人，其行为违反了本法规定并且符合刑法规定的犯罪构成要件的，要依法根据刑法的有关规定承担相应的刑事法律责任。与本法有关的犯罪行为主要有：（1）盗挖、滥挖黑土的，可能构成非法占用农用地罪、盗窃罪；在黑土地上盗挖、滥挖泥炭土的，可能构成非法采矿罪；非法买卖黑土、泥炭土的，可能构成掩饰、隐瞒犯罪所得、犯罪所得收益罪。（2）非法占用黑土地，改变被占用土地用途，数量较大，造成黑土地大量毁坏的，可能构成非法占用农用地罪。（3）故意损毁黑土地农田基础设施的，可能构成故意毁坏财物罪。（4）造成黑土地污染的，可能构成污染环境罪。（5）国务院有关部门、四省区各级人民政府及其有关部门工作人员截留、挪用或者未按照规定使用黑土地保护资金的，对破坏黑土地的行为，发现或者接到举报未及时查处的，以及有其他不依法履行黑土地保护职责导致黑土地资源和生态环境遭受破坏的行为的，可能构成贪污罪、挪用公款罪、滥用职权罪或者玩忽职守罪。（6）拒绝、阻碍对黑土地保护情况依法进行监督检查的，可能构成妨害公务罪。

【法律原文】

第三十七条 林地、草原、湿地、河湖等范围内黑土的保护，适用《中华人民共和国森林法》、《中华人民共和国草原法》、《中华人民共和国湿地

保护法》、《中华人民共和国水法》等有关法律；有关法律对盗挖、滥挖、非法买卖黑土未作规定的，参照本法第三十二条的规定处罚。

【法律解读】

本条是对林地、草原、湿地、河湖等范围内黑土保护的法律适用问题的规定。

（一）本条规定的基本考虑

按照本法第二条的规定，本法规范的黑土地是耕地。本条对耕地、林地、草地、湿地、河湖范围内黑土地保护作出规定，主要是起到回应社会关切和补充完善相关法律制度的作用。

回应社会关切。在东北黑土区内，有耕地、林地、草地、湿地等多种用途的土地，在构建我国东北生态屏障中，这些黑土地都发挥着重要作用。在法律起草中，一些意见认为应当将所有用途类型的黑土地都纳入。但是考虑有关法律已经对林地、草原、湿地、河湖等范围内黑土的保护作了规定，并且坚持了保护优先、生态优先的原则，只要认真贯彻执行这些法律，有关黑土地都能得到较好的保护。所以本次立法主要聚焦耕地保护，妥善处理耕地利用和保护的关系。本条对耕地、林地、草地、湿地、河湖范围内黑土保护作出指引性规定，充分回应了社会关切。

补充完善有关法律制度。本条对耕地、林地、草地、湿地、河湖范围内黑土保护的适用作出规定，也是查漏补缺，完善相关法律制度的需要。一是弥补法律规定的空白。对盗挖滥挖和非法买卖黑土行为，森林法、草原法、湿地保护法等法律作了一些规定，但还不够明确和完善，尤其是关于非法买卖黑土，多数都还没有作出规定。本条的规定弥补了有关法律空白，有利于预防和制止各类黑土地上的盗挖滥挖和非法买卖黑土行为。二是统一执法标准，利于便捷高效执法。离开盗挖滥挖现场进入运输途中或者在市场上非法出售黑土的，执法者要辨别其是来自于耕地还是林地、草地等土地往往非常困难或者辨别成本非常高。本条作出可以依照本法予以处罚的规定，就可以不必深究非法出售黑土来源直接进行处罚，及时有力打击非法出售黑土的行为。

（二）对其他用途土地上的盗挖滥挖和非法买卖黑土的处罚

1. 盗挖滥挖黑土的。森林法第七十四条第一款规定，违反本法规定，进行开垦、采石、采砂、采土或者其他活动，造成林木毁坏的，由县级以上人民政府林业主管部门责令停止违法行为，限期在原地或者异地补种毁坏株数一倍以上三倍以下的树木，可以处毁坏林木价值五倍以下的罚款；造成林地毁坏的，由县级以上人民政府林业主管部门责令停止违法行为，限期恢复植被和林业生产条件，可以处恢复植被和林业生产条件所需费用三倍以下的罚款。草原法第六十八条规定，未经批准或者未按照规定的时间、区域和采挖方式在草原上进行采土、采砂、采石等活动的，由县级人民政府草原行政主管部门责令停止违法行为，限期恢复植被，没收非法财物和违法所得，可以并处违法所得一倍以上二倍以下的罚款；没有违法所得的，可以并处二万元以下的罚款；给草原所有者或者使用者造成损失的，依法承担赔偿责任。湿地保护法第五十七条第一款规定，违反本法规定开采泥炭的，由县级以上人民政府林业草原等有关主管部门按照职责分工责令停止违法行为，限期修复湿地或者采取其他补救措施，没收违法所得，并按照采挖泥炭体积，处每立方米二千元以上一万元以下罚款。水法第七十二条规定，有下列行为之一，构成犯罪的，依照刑法的有关规定追究刑事责任；尚不够刑事处罚，且防洪法未作规定的，由县级以上地方人民政府水行政主管部门或者流域管理机构依据职权，责令停止违法行为，采取补救措施，处一万元以上五万元以下的罚款；违反治安管理处罚法的，由公安机关依法给予治安管理处罚；给他人造成损失的，依法承担赔偿责任：（1）侵占、毁坏水工程及堤防、护岸等有关设施，毁坏防汛、水文监测、水文地质监测设施的；（2）在水工程保护范围内，从事影响水工程运行和危害水工程安全的爆破、打井、采石、取土等活动的。破坏林地、草原、湿地、河湖等范围内黑土的行为，应当按照以上相关的法律规定予以处理、处罚。在其他用途土地上盗挖、滥挖、非法买卖黑土而有关法律未作规定的，有关部门可以参照本法第三十二条的规定处罚，即盗挖、滥挖黑土的，依照土地管理等有关法律法规的规定从重处罚。

2. 非法买卖黑土的。现行森林法、草原法、湿地保护法、水法等对非法买卖土壤尚未作出规定的，可以参照本法第三十二条的规定处罚，对非法出售黑土的，予以没收非法出售的黑土和违法所得并处每立方米五百元以上五千元以下罚款；对于明知是非法出售的黑土而购买的，予以没收非法购买的黑土并处货值金额一倍以上三倍以下罚款。

三十、实施日期

【法律原文】

第三十八条 本法自2022年8月1日起施行。

【法律解读】

本条是对本法时间效力的规定。

法律的生命力在于实施。法律通过以后，就产生了从什么时候开始生效、在什么地域范围内生效、在什么人生效的问题，即法律的时间效力、空间效力和对人的效力。法律的生效日期是关于法律的时间效力问题。本法于2022年6月24日由中华人民共和国第十三届全国人民代表大会常务委员会第三十五次会议通过，同日由中华人民共和国第一一五号主席令发布，自2022年8月1日起施行。主要是综合考虑东北黑土地的收获和播种季节，尽快实施便于及时向农业生产经营者宣传和推广有关黑土地保护措施，满足保护黑土地的迫切需要。本法通过实施后，一是各级人民政府及有关部门应认真学习本法，掌握本法的主要内容和精神要旨，确保本法规定的各项制度落到实处。二是及时制定有关配套规定。根据《立法法》第六十六条的规定，法律规定明确要求有关国家机关对专门事项作出配套的具体规定的，有关国家机关应当自法律施行之日起一年内作出规定。三是及时做好本法宣传工作，使农业生产经营者、科技工作者和社会各方面等都了解掌握这部法律的主要内容，便于更好守法、执法，形成社会各方面共同努力保护黑土地的良好局面。

附录

一、法律文本

中华人民共和国主席令

第一一五号

《中华人民共和国黑土地保护法》已由中华人民共和国第十三届全国人民代表大会常务委员会第三十五次会议于2022年6月24日通过，现予公布，自2022年8月1日起施行。

中华人民共和国主席　习近平

2022年6月24日

中华人民共和国黑土地保护法

（2022 年 6 月 24 日第十三届全国人民代表大会常务委员会第三十五次会议通过）

第一条　为了保护黑土地资源，稳步恢复提升黑土地基础地力，促进资源可持续利用，维护生态平衡，保障国家粮食安全，制定本法。

第二条　从事黑土地保护、利用和相关治理、修复等活动，适用本法。本法没有规定的，适用土地管理等有关法律的规定。

本法所称黑土地，是指黑龙江省、吉林省、辽宁省、内蒙古自治区（以下简称四省区）的相关区域范围内具有黑色或者暗黑色腐殖质表土层，性状好、肥力高的耕地。

第三条　国家实行科学、有效的黑土地保护政策，保障黑土地保护财政投入，综合采取工程、农艺、农机、生物等措施，保护黑土地的优良生产能力，确保黑土地总量不减少、功能不退化、质量有提升、产能可持续。

第四条　黑土地保护应当坚持统筹规划、因地制宜、用养结合、近期目标与远期目标结合、突出重点、综合施策的原则，建立健全政府主导、农业生产经营者实施、社会参与的保护机制。

国务院农业农村主管部门会同自然资源、水行政等有关部门，综合考虑黑土地开垦历史和利用现状，以及黑土层厚度、土壤性状、土壤类型等，按照最有利于全面保护、综合治理和系统修复的原则，科学合理确定黑土地保护范围并适时调整，有计划、分步骤、分类别地推进黑土地保护工作。历史上属黑土地的，除确无法修复的外，原则上都应列入黑土地保护范围进行修恢复。

第五条 黑土地应当用于粮食和油料作物、糖料作物、蔬菜等农产品生产。

黑土层深厚、土壤性状良好的黑土地应当按照规定的标准划入永久基本农田，重点用于粮食生产，实行严格保护，确保数量和质量长期稳定。

第六条 国务院和四省区人民政府加强对黑土地保护工作的领导、组织、协调、监督管理，统筹制定黑土地保护政策。四省区人民政府对本行政区域内的黑土地数量、质量、生态环境负责。

县级以上地方人民政府应当建立农业农村、自然资源、水行政、发展改革、财政、生态环境等有关部门组成的黑土地保护协调机制，加强协调指导，明确工作责任，推动黑土地保护工作落实。

乡镇人民政府应当协助组织实施黑土地保护工作，向农业生产经营者推广适宜其所经营耕地的保护、治理、修复和利用措施，督促农业生产经营者履行黑土地保护义务。

第七条　各级人民政府应当加强黑土地保护宣传教育，提高全社会的黑土地保护意识。

对在黑土地保护工作中做出突出贡献的单位和个人，按照国家有关规定给予表彰和奖励。

第八条　国务院标准化主管部门和农业农村、自然资源、水行政等主管部门按照职责分工，制定和完善黑土地质量和其他保护标准。

第九条　国家建立健全黑土地调查和监测制度。

县级以上人民政府自然资源主管部门会同有关部门开展土地调查时，同步开展黑土地类型、分布、数量、质量、保护和利用状况等情况的调查，建立黑土地档案。

国务院农业农村、水行政等主管部门会同四省区人民政府建立健全黑土地质量监测网络，加强对黑土地土壤性状、黑土层厚度、水蚀、风蚀等情况的常态化监测，建立黑土地质量动态变化数据库，并做好信息共享工作。

第十条　县级以上人民政府应当将黑土地保护工作纳入国民经济和社会发展规划。

国土空间规划应当充分考虑保护黑土地及其周边生态环境，合理布局各类用途土地，以利于黑土地水蚀、风蚀等的预防和治理。

县级以上人民政府农业农村主管部门会同有关部门以调查和监测为基础、体现整体集中连片治理，编制黑土地保护规划，明确保护范围、目标任务、技术模式、保障措施等，遏制黑土地退化趋势，提升黑土地质量，改善黑土地生态环境。县级黑土地保护规划应当与国土空间规划相衔接，落实到黑土地具体地块，并向社会公布。

第十一条 国家采取措施加强黑土地保护的科技支撑能力建设，将黑土地保护、治理、修复和利用的科技创新作为重点支持领域；鼓励高等学校、科研机构和农业技术推广机构等协同开展科技攻关。县级以上人民政府应当鼓励和支持水土保持、防风固沙、土壤改良、地力培肥、生态保护等科学研究和科研成果推广应用。

有关耕地质量监测保护和农业技术推广机构应当对农业生产经营者保护黑土地进行技术培训、提供指导服务。

国家鼓励企业、高等学校、职业学校、科研机构、科学技术社会团体、农民专业合作社、农业社会化服务组织、农业科技人员等开展黑土地保护相关技术服务。

国家支持开展黑土地保护国际合作与交流。

第十二条 县级以上人民政府应当采取以下措施加强黑土地农田基础设施建设：

（一）加强农田水利工程建设，完善水田、旱地灌排体系；

（二）加强田块整治，修复沟毁耕地，合理划分适宜耕作田块；

（三）加强坡耕地、侵蚀沟水土保持工程建设；

（四）合理规划修建机耕路、生产路；

（五）建设农田防护林网；

（六）其他黑土地保护措施。

第十三条　县级以上人民政府应当推广科学的耕作制度，采取以下措施提高黑土地质量：

（一）因地制宜实行轮作等用地养地相结合的种植制度，按照国家有关规定推广适度休耕；

（二）因地制宜推广免（少）耕、深松等保护性耕作技术，推广适宜的农业机械；

（三）因地制宜推广秸秆覆盖、粉碎深（翻）埋、过腹转化等还田方式；

（四）组织实施测土配方施肥，科学减少化肥施用量，鼓励增施有机肥料，推广土壤生物改良等技术；

（五）推广生物技术或者生物制剂防治病虫害等绿色防控技术，科学减少化学农药、除草剂使用量，合理使用农用薄膜等农业生产资料；

（六）其他黑土地质量提升措施。

第十四条　国家鼓励采取综合性措施，预防和治理水土流失，防止黑土地土壤侵蚀、土地沙化和盐渍化，改善和修复农田生态环境。

县级以上人民政府应当开展侵蚀沟治理，实施沟头沟坡沟底加固防护，因地制宜组织在侵蚀沟的沟坡和沟岸、黑土地周边河流两岸、湖泊和水库周边等区域营造植物保护带或者采取其他措施，防止侵蚀沟变宽变深变长。

县级以上人民政府应当按照因害设防、合理管护、科学布局的原则，制定农田防护林建设计划，组织沿农田道路、沟渠等种植农田防护林，防止违背自然规律造林绿化。农田防护林只能进行抚育、更新性质的采伐，确保防护林功能不减退。

县级以上人民政府应当组织开展防沙治沙，加强黑土地周边的沙漠和沙化土地治理，防止黑土地沙化。

第十五条 县级以上人民政府应当加强黑土地生态保护和黑土地周边林地、草原、湿地的保护修复，推动荒山荒坡治理，提升自然生态系统涵养水源、保持水土、防风固沙、维护生物多样性等生态功能，维持有利于黑土地保护的自然生态环境。

第十六条 县级人民政府应当依据黑土地调查和监测数据，并结合土壤类型和质量等级、气候特点、环境状况等实际情况，对本行政区域内的黑土地进行科学分区，制定并组织实施黑土地质量提升计划，因地制宜合理采取保护、治理、修复和利用的精细化措施。

第十七条　国有农场应当对其经营管理范围内的黑土地加强保护，充分发挥示范作用，并依法接受监督检查。

农村集体经济组织、村民委员会和村民小组应当依法发包农村土地，监督承包方依照承包合同约定的用途合理利用和保护黑土地，制止承包方损害黑土地等行为。

农村集体经济组织、农业企业、农民专业合作社、农户等应当十分珍惜和合理利用黑土地，加强农田基础设施建设，因地制宜应用保护性耕作等技术，积极采取提升黑土地质量和改善农田生态环境的养护措施，依法保护黑土地。

第十八条　农业投入品生产者、经营者和使用者应当依法对农药、肥料、农用薄膜等农业投入品的包装物、废弃物进行回收以及资源化利用或者无害化处理，不得随意丢弃，防止黑土地污染。

县级人民政府应当采取措施，支持农药、肥料、农用薄膜等农业投入品包装物、废弃物的回收以及资源化利用或者无害化处理。

第十九条　从事畜禽养殖的单位和个人，应当科学开展畜禽粪污无害化处理和资源化利用，以畜禽粪污就地就近还田利用为重点，促进黑土地绿色种养循环农业发展。

县级以上人民政府应当支持开展畜禽粪污无害化处理

和资源化利用。

第二十条 任何组织和个人不得破坏黑土地资源和生态环境。禁止盗挖、滥挖和非法买卖黑土。国务院自然资源主管部门会同农业农村、水行政、公安、交通运输、市场监督管理等部门应当建立健全保护黑土地资源监督管理制度，提高对盗挖、滥挖、非法买卖黑土和其他破坏黑土地资源、生态环境行为的综合治理能力。

第二十一条 建设项目不得占用黑土地；确需占用的，应当依法严格审批，并补充数量和质量相当的耕地。

建设项目占用黑土地的，应当按照规定的标准对耕作层的土壤进行剥离。剥离的黑土应当就近用于新开垦耕地和劣质耕地改良、被污染耕地的治理、高标准农田建设、土地复垦等。建设项目主体应当制定剥离黑土的再利用方案，报自然资源主管部门备案。具体办法由四省区人民政府分别制定。

第二十二条 国家建立健全黑土地保护财政投入保障制度。县级以上人民政府应当将黑土地保护资金纳入本级预算。

国家加大对黑土地保护措施奖补资金的倾斜力度，建立长期稳定的奖励补助机制。

县级以上地方人民政府应当将黑土地保护作为土地使用权出让收入用于农业农村投入的重点领域，并加大投入力度。

国家组织开展高标准农田、农田水利、水土保持、防沙治沙、农田防护林、土地复垦等建设活动，在项目资金安排上积极支持黑土地保护需要。县级人民政府可以按照国家有关规定统筹使用涉农资金用于黑土地保护，提高财政资金使用效益。

第二十三条　国家实行用养结合、保护效果导向的激励政策，对采取黑土地保护和治理修复措施的农业生产经营者按照国家有关规定给予奖励补助。

第二十四条　国家鼓励粮食主销区通过资金支持、与四省区建立稳定粮食购销关系等经济合作方式参与黑土地保护，建立健全黑土地跨区域投入保护机制。

第二十五条　国家按照政策支持、社会参与、市场化运作的原则，鼓励社会资本投入黑土地保护活动，并保护投资者的合法权益。

国家鼓励保险机构开展黑土地保护相关保险业务。

国家支持农民专业合作社、企业等以多种方式与农户建立利益联结机制和社会化服务机制，发展适度规模经营，推动农产品品质提升、品牌打造和标准化生产，提高黑土地产出效益。

第二十六条　国务院对四省区人民政府黑土地保护责任落实情况进行考核，将黑土地保护情况纳入耕地保护责任目标。

第二十七条 县级以上人民政府自然资源、农业农村、水行政等有关部门按照职责，依法对黑土地保护和质量建设情况联合开展监督检查。

第二十八条 县级以上人民政府应当向本级人民代表大会或者其常务委员会报告黑土地保护情况，依法接受监督。

第二十九条 违反本法规定，国务院农业农村、自然资源等有关部门、县级以上地方人民政府及其有关部门有下列行为之一的，对直接负责的主管人员和其他直接责任人员给予警告、记过或者记大过处分；情节较重的，给予降级或者撤职处分；情节严重的，给予开除处分：

（一）截留、挪用或者未按照规定使用黑土地保护资金；

（二）对破坏黑土地的行为，发现或者接到举报未及时查处；

（三）其他不依法履行黑土地保护职责导致黑土地资源和生态环境遭受破坏的行为。

第三十条 非法占用或者损毁黑土地农田基础设施的，由县级以上地方人民政府农业农村、水行政等部门责令停止违法行为，限期恢复原状，处恢复费用一倍以上三倍以下罚款。

第三十一条 违法将黑土地用于非农建设的，依照土地管理等有关法律法规的规定从重处罚。

违反法律法规规定，造成黑土地面积减少、质量下降、功能退化或者生态环境损害的，应当依法治理修复、赔偿损失。

农业生产经营者未尽到黑土地保护义务，经批评教育仍不改正的，可以不予发放耕地保护相关补贴。

第三十二条 违反本法第二十条规定，盗挖、滥挖黑土的，依照土地管理等有关法律法规的规定从重处罚。

非法出售黑土的，由县级以上地方人民政府市场监督管理、农业农村、自然资源等部门按照职责分工没收非法出售的黑土和违法所得，并处每立方米五百元以上五千元以下罚款；明知是非法出售的黑土而购买的，没收非法购买的黑土，并处货值金额一倍以上三倍以下罚款。

第三十三条 违反本法第二十一条规定，建设项目占用黑土地未对耕作层的土壤实施剥离的，由县级以上地方人民政府自然资源主管部门处每平方米一百元以上二百元以下罚款；未按照规定的标准对耕作层的土壤实施剥离的，处每平方米五十元以上一百元以下罚款。

第三十四条 拒绝、阻碍对黑土地保护情况依法进行监督检查的，由县级以上地方人民政府有关部门责令改正；拒不改正的，处二千元以上二万元以下罚款。

第三十五条 造成黑土地污染、水土流失的，分别依照污染防治、水土保持等有关法律法规的规定从重处罚。

第三十六条 违反本法规定，构成犯罪的，依法追究刑事责任。

第三十七条 林地、草原、湿地、河湖等范围内黑土的保护，适用《中华人民共和国森林法》、《中华人民共和国草原法》、《中华人民共和国湿地保护法》、《中华人民共和国水法》等有关法律；有关法律对盗挖、滥挖、非法买卖黑土未作规定的，参照本法第三十二条的规定处罚。

第三十八条 本法自 2022 年 8 月 1 日起施行。

二、立法文件

关于《中华人民共和国黑土地保护法（草案）》的说明

——2021 年 12 月 20 日在第十三届全国人民代表大会常务委员会第三十二次会议上

全国人大农业与农村委员会副主任委员　王宪魁

全国人民代表大会常务委员会：

我受全国人大农业与农村委员会委托，就《中华人民共和国黑土地保护法（草案）》的有关问题作说明。

习近平总书记高度重视黑土地保护，2020 年 7 月在吉林考察时指出，一定要采取有效措施，保护好黑土地这一“耕地中的大熊猫”；2020 年 12 月在中央农村工作会议上要求，把黑土地保护作为一件大事来抓，把黑土地用好养好。十三届全国人大四次会议期间，全国人大农业与农村委员会收到“关于制定黑土地保护法的议案”和多件关于黑土地保护的代表建议。3 月底全国人大农业与农村委员会及时启动黑土地保护法的研究论证。全国人大常委会领导同志高度重视黑土地保护立法，多次作出批示并要求抓紧草案起草。全国人大农业与农村委员会认真做好起草工作，经过深入调查研究、广泛征求意见、反复沟通讨论，形成了《中华人民共和国黑土地保护法（草案）》（以下简称草案）。

一、制定黑土地保护法的必要性

一是深入贯彻落实习近平总书记重要指示和党中央决策部署的需要。习近平总书记将黑土地比喻为国宝“大熊猫”，这一论述具有极其深刻内涵。黑土地是大自然赋予人类得天独厚的稀缺宝贵资源，具有优质性、稀缺性、易被侵蚀性等特点。多年来人为高强度开发利用，黑土层厚度、有机质含量等下降，土壤酸化、沙化、盐渍化加剧，严重影响生态安全和农业可持续发展。要从造福子孙永续发展的高度认识黑土地保护的特殊性和战略意义，从“藏粮于地、藏粮于技”战略高度推进。制定黑土地保护法，将保护黑土地上升为国家意志，是贯彻落实习近平总书记和党中央关于黑土地保护要求的有力举措。

二是保障长远国家粮食安全的需要。民以食为天，粮以地为本。黑土地的土壤性状好、肥力高、水肥气热协调，相较于其他土地的单位面积产出，同肥不同量、同量不同质，粮食产量高、品质好。东北黑土区是我国重要的粮食生产基地，粮食产量约占全国的四分之一，粮食商品率高，是保障粮食市场供应的重要来源，是保障国家粮食安全的压舱石。制定黑土地保护法，有利于规范黑土地保护、治理、修复、利用等活动，保护黑土地高产优质农产品产出功能，为保障国家粮食安全提供坚强法治保障。

三是维护生态系统平衡的需要。珍稀黑土地自然资源，既不可再生，也无可替代。长期以来，由于保护和投入不够，加之风蚀、水蚀侵害，黑土层“变薄、变硬、变瘦”，侵蚀沟发育发展，水土流失日益严重，进而导致耕地破碎化、河道淤积、洪涝灾害加剧等生态环境问题。人与自然应当和谐共生，保护自然则自然回报慷慨，掠夺自然则自然惩罚无情。制定黑土地保护法，保护好生态环境，维护好生态系统平衡，促进资源环境可持续，才能使黑土地永远造福人民。

四是完善黑土地保护体制机制的需要。近年来，党中央、国务院通过制定保护规划和实施行动方案等措施保护黑土地，但是仍存在政策协同性不足、稳定投入机制未建立、责任主体不够明确等问题。有关省份的地方层面立法，难以形成上下联动、多方参与的保护机制。当前土地管理有关法律法规，在耕地保护方面主要解决一般性问题，缺乏针对黑土地特殊性的保护措施。综合施策、形成合力、久久为功保护好黑土地，需要全社会共同努力。制定黑土地保护法，有利于建立针对性、系统性的黑土地保护制度。

二、立法指导思想和总体思路

深入学习贯彻习近平新时代中国特色社会主义思想，深刻理解和准确把握习近平总书记关于黑土地保护的重要指示精神，牢固树立法治思维，坚持问题导向和目标导向，坚持“小快灵”立法，突出立法针对性、适用性、可操作性，着力保护黑土地中的耕地，促进资源可持续利用，维护生态系统平衡，保障国家粮食安全。

根据调研情况和黑土地保护面临的突出问题，起草中注重把握以下几点：一是明确责任。构建政府主导、农业生产经营者实施、公众参与的保护机制，建立共同负责、各负其责的责任体系。二是坚持用养结合。有的人提出，应该养地在先，不达标准停止耕种。我们的目的是要口粮安全。既要改变生产经营方式加以保护，也要防止削弱粮食生产能力和影响农民种粮积极性，促进形成绿色可持续发展方式。三是尊重自然规律和科技规律。黑土地分布广阔，不同地域积温、降雨、蒸发、风力等条件不同，需要采取的措施和技术路径也不同。保护黑土地要因地制宜，坚持从实际出发，不搞一刀切。四是保护好农民权益。合理利用和保护黑土地，要有利于农民利益近期不受损、长远更有利，有利于国家粮食安全、生态安全。

三、草案的主要内容

草案不分章，共三十七条，包括立法目的、适用范围、保护要求和原则、政府责任和协调机制、制定规划、资源调查和监测、科技支撑、数量保护措施、质量提升措施、农业生产经营者的责任、资金保障、奖补措施、考核与监督、法律责任等内容。

（一）本法的适用范围

保障国家粮食安全，处理好黑土地保护与利用的关系，重点和难点在耕地。草案明确本法所称黑土地，涉及的地域范围为黑龙江省、吉林省、辽宁省、内蒙古自治区的相关区域，土地特性为拥有黑色或者暗黑色腐殖质表土层，性状好、肥力高的优质耕地。这一规定也是具体落实习近平总书记关于保护“耕地中的大熊猫”的要求。

（二）加强政府的统筹和协调

统筹和协调是形成工作合力的关键。草案完善政府工作机制，明确国务院和省（自治区）人民政府应当加强领导、组织、协调、监督管理，县级以上人民政府应当建立黑土地保护协调机制；突出规划引领，县级以上人民政府应当以调查和监测为基础、体现集中连片治理、科学编制黑土地保护规划，县级规划应当落实到地块。为摸清黑土地底数和变化趋势，草案对开展黑土地调查和常态化监测作出了规定。

（三）加强黑土地保护的科技支撑

科技手段为黑土地保护提供重要支撑。草案加强黑土地保护科技创新、科研成果推广应用和技术服务；针对水蚀、风蚀、土壤质量下降等突出问题，明确应当综合采取工程、农艺、农机、生物等措施，规定了农田基础设施建设、提升土壤质量、加强环境治理的关键措施。为做到精准施策，草案规定对黑土地进行科学分区，因地制宜采用具体措施。

（四）强化农业生产经营者的保护责任和调动积极性

农业生产经营者应当保护黑土地，同时要让保护者不吃亏、种粮者收入有提高。草案明确农业生产经营者应当积极采用黑土地养护措施，国家应当建立用养结合、保护效果导向的奖补机制，鼓励支持采取黑土地保护和治理修复措施。

（五）加大黑土地保护投入

长期稳定的资金投入是黑土地保护的重要保障。草案规定，国家建立健全黑土地保护财政投入保障制度，加大奖补资金的倾斜力度，高标准农田建设等项目资金应当保障黑土地保护需要；县级人民政府可以按照国家有关规定统筹整合相关涉农资金；建立健全黑土地保护跨区域补偿机制，鼓励社会资金投入黑土地保护活动。

（六）加强考核和监督

压实黑土地保护责任，形成监督合力。草案规定，建立黑土地保护目标责任制和考核评价制度，黑土地保护情况纳入耕地保护责任目标；有关部门按照职责联合开展监督检查；加强人大监督，县级以上人民政府应当报告黑土地保护情况。

草案还对禁止盗挖、滥挖、非法出售黑土等内容作出规定。

草案注意与有关法律搞好衔接，一般性的耕地保护和土地污染有关问题，本法不再重复，只是针对相关违法行为的处罚作出衔接性规定。

《中华人民共和国黑土地保护法（草案）》及以上说明是否妥当，请审议。

全国人民代表大会宪法和法律委员会关于《中华人民共和国黑土地保护法（草案）》修改情况的汇报

全国人民代表大会常务委员会：

常委会第三十二次会议对黑土地保护法草案进行了初次审议。会后，法制工作委员会将草案印发黑龙江省、吉林省、辽宁省、内蒙古自治区的省市级人大和中央有关部门、全国人大代表、研究机构、有关企业等征求意见；在中国人大网全文公布草案，征求社会公众意见。宪法和法律委员会、农业与农村委员会、法制工作委员会联合召开座谈会，听取中央有关部门、四省（自治区）人大、全国人大代表、专家学者、基层干部、农民专业合作社、农业企业和农民等对草案的意见；法制工作委员会就草案的有关问题同有关方面交换意见，共同研究。宪法和法律委员会于3月24日召开会议，根据常委会组成人员审议意见和各方面的意见，对草案进行了逐条审议。农业与农村委员会、国家发展和改革委员会、司法部、农业农村部、财政部、自然资源部有关负责同志列席了会议。4月12日，宪法和法律委员会召开会议，再次进行了审议。现将黑土地保护法草案主要问题修改情况汇报如下：

一、有些常委会组成人员和部门提出，应进一步完善有关黑土地范围的规定，适应黑土地保护、治理、修复工作的需要，并做好本法与相关法律的衔接。宪法和法律委员会经研究，建议对草案作以下修改：一是，增加规定：黑土地保护规划应当科学确定黑土地的保护范围。二是，增加规定：从事黑土地保护、利用和相关治理、修复等活动，适用本法；本法没有规定的，适用土地管理等有关法律的规定。三是，将第三十六条修改为：林地、草原、湿地、河湖等范围内黑土地的保护，适用森林法、草原法、湿地保护法、水法等有关法律的规定；有关法律对盗挖、滥挖、非法出售黑土未作规定的，参照本法第三十一条的规定处罚。

二、有的常委委员和部门建议，突出黑土地对粮食安全的保障作用。宪法和法律委员会经研究，建议增加规定：黑土地应当用于粮食和油料作物、糖料作物、蔬菜等农产品生产；划入永久基本农田的黑土地应当重点用于粮食生产。

三、有的常委委员建议，加强黑土地保护科技支撑和技术服务。宪法和法律委员会经研究，建议增加相关内容，规定：一是，鼓励高等学校、科研机构和农业技术推广机构等协同开展科技攻关。二是，国家鼓励企业、高等学校、职业学校、科研机构、科学技术社会团体、农民专业合作社、农业社会化服务组织、农业科技人员等开展黑土地保护相关技术服务。三是，县级以上人民政府应当推广科学的耕作制度。

四、有些常委委员和代表提出，做好黑土地保护工作既要发挥政府主导作用，也要注重发挥市场的作用，还要依靠基层组织和农民。宪法和法律委员会经研究，建议增加以下规定：一是，农村集体经济组织、村民委员会依法发包农村土地，监督承包方依照承包合同约定的用途合理利用和保护黑土地，制止承包方损害黑土地等行为。二是，农村集体经济组织、国有农场、农业企业、农民专业合作社、农户等应当十分珍惜和合理利用黑土地。三是，国家按照政策支持、企业和社会参与、市场化运作的原则，鼓励社会资本投入黑土地保护活动，并保护投资者的合法权益。

五、根据一些常委会组成人员和地方、部门的意见，宪法和法律委员会建议，完善法律责任，增强针对性，加大处罚力度，对草案有关规定作以下修改：一是，细化有关部门及其工作人员不依法履行黑土地保护职责的具体情形和法律责任。二是，明确规定：盗挖、滥挖黑土的，依照土地管理等有关法律法规的规定从重处罚。三是，将非法出售黑土的罚款上限由每立方米“二千元”提高到“五千元”。

还有一个问题需要汇报。草案第二十四条规定：国家鼓励粮食主销区通过资金支持、建立与主产区的稳定购销关系等方式参与黑土地保护，建立健全黑土地保护跨区域补偿机制。有关部门提出，黑土地保护涉及主体众多，利益关系比较复杂，实行跨区域补偿机制较难操作，且可能会弱化主销区的粮食生产责任，建议先在实践中开展探索，目前不宜在法律中作出规定。考虑到黑土地保护跨区域补偿机制是草案新设的一项制度，有关方面尚存在不同认识，据此，建议对草案这一规定暂不作改动，进一步听取意见。

此外，还对草案作了一些文字修改。

草案二次审议稿已按上述意见作了修改，宪法和法律委员会建议提请本次常委会会议继续审议。

草案二次审议稿和以上汇报是否妥当，请审议。

全国人民代表大会宪法和法律委员会

2022 年 4 月 18 日

全国人民代表大会宪法和法律委员会关于《中华人民共和国黑土地保护法（草案）》审议结果的报告

全国人民代表大会常务委员会：

常委会第三十四次会议对黑土地保护法草案进行了二次审议。会后，栗战书委员长在黑龙江省开展有关执法检查时，对黑土地保护立法工作提出要求。法制工作委员会在中国人大网全文公布草案二次审议稿征求社会公众意见，并就草案的有关问题同有关方面交换意见，共同研究。宪法和法律委员会、法制工作委员会到地方进行了调研。宪法和法律委员会于5月16日召开会议，根据委员长会议精神、常委会组成人员审议意见和各方面的意见，对草案进行了逐条审议，农业与农村委员会有关负责同志列席了会议，同时书面征求了国家发展和改革委员会、司法部、财政部、自然资源部、农业农村部的意见。6月14日，宪法和法律委员会召开会议，再次进行了审议。宪法和法律委员会认为，为强化黑土地保护和治理修复，长远保障国家粮食安全，制定本法是必要的，草案经过审议修改，已经比较成熟。同时，提出以下主要修改意见：

一、有的常委委员提出，国家实行科学、有效的黑土地保护政策，不仅要采取工程、农艺、农机、生物等措施，还要保障财政投入。宪法和法律委员会经研究，建议采纳这一意见，将有关规定修改为“国家实行科学、有效的黑土地保护政策，保障黑土地保护财政投入，综合采取工程、农艺、农机、生物等措施”。

二、根据有关方面意见，黑土地保护范围不应仅以现状为标准，要综合考虑黑土地开发历史等因素，按照最有利于保护和修复的原则，在国家层面统筹确定，分类型、分步骤地加以保护和修复。宪法和法律委员会经研究，建议增加规定：国务院农业农村主管部门会同自然资源、水行政等有关部门，综合考虑黑土地开垦历史和利用现状，以及黑土层厚度、土壤性状、土壤类型等，按照最有利于全面保护、综合治理和系统修复的原则，科学合理确定黑土地保护范围并适时调整，有计划、分步骤、分类别地推进黑土地保护工作。历史上属黑土地的，除确无法修复的外，原则上都应列入黑土地保护范围进行修恢复。

三、有的常委委员建议充实水土流失预防和治理的有关规定。宪法和法律委员会经研究，建议增加以下内容：一是国家鼓励采取综合性措施，预防和治理水土流失；二是在对黑土地保护和质量建设情况联合开展监督检查的部门中增加水行政部门；三是明确造成黑土地水土流失的，依照水土保持有关法律法规的规定从重处罚。

四、农业与农村委员会提出，实践中，农垦国有农场承担着黑土地保护的重要责任，发挥了特殊的作用，本法应对此作出规定。宪法和法律委员会经研究，建议增加规定：国有农场应当负责其经营管理范围内的黑土地保护工作，充分发挥示范作用，并依法接受监督检查。

五、有的常委委员和社会公众提出，非法购买与非法销售黑土都应禁止和处罚。宪法和法律委员会经研究，建议采纳这一意见，将相关条文中的“非法出售黑土”改为“非法买卖黑土”，并增加相应法律责任。

六、草案二次审议稿第二十四条规定，国家鼓励粮食主销区通过资金支持、建立与主产区的稳定购销关系等方式参与黑土地保护，建立健全黑土地保护跨区域补偿机制。宪法和法律委员会根据常委会审议意见，并经同农业与农村委员会、国家发展和改革委员会、司法部、财政部、自然资源部、农业农村部研究，建议根据国家关于耕地保护和粮食主产区利益保护的原则要求，对草案作出完善，将“建立健全黑土地保护跨区域补偿机制”改为“建立健全黑土地跨区域投入保护机制”。

七、有的常委会组成人员建议进一步完善非法占用或者损毁黑土地农田基础设施的处罚标准。宪法和法律委员会经研究，建议采纳这一意见，将罚款数额由“一万元以上三万元以下”改为“恢复费用一倍以上三倍以下”。

此外，还对草案二次审议稿作了一些文字修改。

草案三次审议稿已按上述意见作了修改，宪法和法律委员会建议提请本次常委会会议审议通过。

草案三次审议稿和以上报告是否妥当，请审议。

全国人民代表大会宪法和法律委员会

2022年6月21日

全国人民代表大会宪法和法律委员会关于《中华人民共和国黑土地保护法（草案三次审议稿）》修改意见的报告

全国人民代表大会常务委员会：

本次常委会会议于6月22日上午对黑土地保护法草案三次审议稿进行了分组审议。普遍认为，草案已经比较成熟，建议进一步修改后，提请本次常委会会议表决通过。同时，有些常委会组成人员和列席人员还提出了一些修改意见和建议。宪法和法律委员会于6月22日晚召开会议，逐条研究了常委会组成人员和列席人员的审议意见，对草案进行了审议。农业与农村委员会、司法部、农业农村部有关负责同志列席了会议，同时书面征求了国家发展和改革委员会、财政部、自然资源部的意见。宪法和法律委员会认为，草案是可行的，同时，提出以下修改意见：

一、有的常委委员提出，黑土地保护范围应当向社会公布。宪法和法律委员会经研究，建议采纳这一意见，明确县级黑土地保护规划应当落实到黑土地具体地块，并向社会公布。

二、有的常委委员建议增加黑土地保护国际合作的内容。宪法和法律委员会经研究，建议增加规定：国家支持开展黑土地保护国际合作与交流。

三、有的常委委员提出，保护黑土地不仅要科学减少化肥施用量和化学农药使用，还要科学减少除草剂使用。宪法和法律委员会经研究，建议采纳这一意见，增加相关内容。

四、根据一些常委委员的意见，宪法和法律委员会经研究，建议在草案规定四省区人民政府的黑土地生态环境保护责任的基础上，进一步规定：县级以上人民政府应当加强黑土地生态保护和黑土地周边生态环境治理修复；任何组织和个人不得破坏黑土地生态环境。

五、有的常委委员建议规定，国家鼓励保险机构开展黑土地保护相关保险业务。宪法和法律委员会经研究，建议采纳这一意见，增加相关内容。

有的常委会组成人员还对本法通过后的实施和宣传工作提出了很好的意见。宪法和法律委员会建议有关方面认真研究常委会组成人员的审议意见，抓紧制定和完善相关配套规定，积极做好宣传和解读，保证法律的有效实施。

经与有关方面研究，建议将本法的施行时间确定为2022年8月1日。

此外，根据常委会组成人员的审议意见，还对草案三次审议稿作了一些文字修改。

草案修改稿已按上述意见作了修改，宪法和法律委员会建议本次常委会会议审议通过。

草案修改稿和以上报告是否妥当，请审议。

全国人民代表大会宪法和法律委员会

2022 年 6 月 23 日

三、相关文章

让涉农立法更好服务国家和人民[①]

王观芳

2021年12月，十三届全国人大常委会第三十二次会议初次审议黑土地保护法草案，再次审议种子法修正案草案并全票通过关于修改种子法的决定。这两部法律草案由全国人大农业与农村委员会（以下简称委员会）牵头起草，黑土地保护法草案实现了当年研究论证当年完成起草当年提请审议，种子法修改实现了当年起草当年审议当年通过。

这两部法律的起草和通过，体现了全国人大常委会紧紧围绕党中央重大决策部署谋划工作，发展全过程人民民主，牢固树立法治思维推动国家治理体系和治理能力现代化，高效高质推进涉农相关立法，使立法工作更好围绕中心和大局、更好服务国家和人民。

---

① 原文发表于《中国人大（增刊）》2022年第2期。

深刻把握党和国家工作大局，认真谋划立法项目

2020年底中央经济工作会议指出，保障粮食安全，关键在于落实藏粮于地、藏粮于技战略，要解决好种子和耕地问题。随后召开的中央农村工作会议和2021年中央一号文件，对打好种业翻身仗、保护耕地尤其是黑土地提出了更加具体明确的要求。

委员会深刻认识到，以习近平同志为核心的党中央把保障粮食安全作为治国理政的头等大事，指出“粮食安全是国家安全的重要基础”，要求“中国人的饭碗任何时候都要牢牢端在自己手中，饭碗主要装中国粮”，加强粮食安全保障相关立法十分迫切。

在落实“藏粮于地”方面，现有土地管理法律法规规定了严格的耕地保护制度，但是缺乏针对黑土地特殊性的保护措施，有必要制定专门立法加强黑土地保护；在落实“藏粮于技”方面，种子是农林科技进步的重要载体，种子法为加强种质资源保护、提高品种选育水平等提供法治保障，但是在种业知识产权保护方面还有短板弱项，不利于激励育种创新活力。经过认真研究，委员会认为应当及时制定黑土地保护法、完善种子法中关于种业知识产权保护的规定。

十三届全国人大四次会议期间，委员会收到关于制定黑土地保护法的议案、关于修改种子法建立激励和保护原始创新的种业法律制度的议案，以及多件相关代表建议。委员会高度重视，在议案办理方案中提出，对党中央高度重视的黑土地保护问题、种子问题要重点加以研究，并要求提高议案办理的质量和效率。

委员会及时向常委会领导同志报告有关工作情况，提出贯彻落实党中央精神开展立法监督工作的建议，多次就黑土地保护立法、种子法修改提出专门报告。全国人大常委会领导同志高度重视，作出批示要求积极推进相关立法，加快了立法工作进程。

围绕落实“藏粮于地”战略和习近平生态文明思想，加快推进黑土地保护立法

习近平总书记高度重视黑土地保护，2020 年 7 月在吉林考察时指出，一定要采取有效措施，保护好黑土地这一“耕地中的大熊猫”；2020 年 12 月在中央农村工作会议上要求，要把黑土地保护作为一件大事来抓，把黑土地用好养好。“十四五”规划提出，实施黑土地保护工程，加强东北黑土地保护和地力恢复。2021 年中央一号文件提出“实施国家黑土地保护工程，推广保护性耕作模式”，将黑土地保护提升为国家战略。

委员会深入学习习近平总书记关于保护黑土地的重要指示，领会理解其深刻内涵和重大意义，充分认识黑土地保护对国家粮食安全和生态安全的重要性，将起草黑土地保护法作为落实国家“藏粮于地”战略和习近平生态文明思想的重要内容。

委员会抓紧开展调查研究，先后召开2次中央和国务院有关部门参加的座谈会、3次专家座谈会，到四省（区）开展5次调研，实地到13个地市及其相关县（市）和村镇考察，每到一个地市和县（市）都召开座谈会或者现场交谈交流。调研中邀请10人次的全国人大代表参加，邀请地方各级人大代表提出意见和建议。通过调查研究，比较深入地掌握了实际状况、存在问题和意见建议，为起草工作打下了扎实基础。

委员会认真研究了近年来党中央、国务院对黑土地保护的文件，把握黑土地保护的成熟政策措施和需要进一步形成长期制度的内容，结合调研情况和黑土地保护面临的突出问题，认真梳理立法思路。考虑到处理好保护和利用的关系耕地是难点，而且黑土耕地与粮食安全关系最密切，不合理的耕种对生态的影响比较大，草案将法律的调整范围聚焦于黑土地中的耕地，坚持“小快灵”立法，坚持问题导向和目标导向，突出立法针对性、适用性、可操作性，提高立法质量和效率。起草中注重把握以下几点：一是明确责任。构建政府主导、农业生产经营者实施、公众参与的保护机制，建立共同负责、各负其责的责任体系。二是坚持用养结合。有的人提出，应该养地在先，不达标准停止耕种。我们的目的是要口粮安全。既要改变生产经营方式加以保护，也要防止削弱粮食生产能力和影响农民种粮积极性，促进形成绿色可持续发展方式。三是尊重自然规律和科技规律。黑土地分布广阔，不同地域积温、降雨、蒸发、风力等条件不同，需要采取的措施和技术路径也不同。保护黑土地要因地制宜，坚持从实际出发，不搞一刀切。四是保护好农民权益。合理利用和保护黑土地，要有利于农民利益近期不受损、长远更有利，有利于国家粮食安全、生态安全。在上述原则的指引下，草案力争设计出符合实际、有力管用的法律规定，从政府责任和协调机制、制定规划、资源调查和监测、科技支撑、数量保护措施、质量提升措施、农业生产经营者的责任、资金保障、奖补措施、考核与监督、法律责任等方面作出了规定。

黑土地保护法草案提请常委会审议，常委会组成人员普遍认为委员会在较短时间内形成了质量较高的草案，工作卓有成效，同时对立法指导思想和草案主体内容予以积极肯定。下一步委员会将配合做好继续审议工作，争取及早通过。

围绕加强知识产权保护助力打赢种业翻身仗，抓紧修改种子法

习近平总书记高度重视知识产权保护，指出创新是引领发展的第一动力，保护知识产权就是保护创新，加强知识产权保护是完善产权保护制度最重要的内容，也是提高中国经济竞争力最大的激励。在种业知识产权方面，习近平总书记强调，要下决心把我国种业搞上去，抓紧培育具有自主知识产权的优良品种，从源头上保障国家粮食安全，实现种业科技自立自强、种源自主可控。2020 年底的中央经济工作会议、中央农村工作会议提出，要大力推动自主创新，保护知识产权，打好种业翻身仗。2021 年 7 月，中央深改委通过《种业振兴行动方案》，强调推进种业振兴，加强知识产权保护，优化营商环境，要综合运用法律、经济、技术、行政等多种手段，推行全链条、全流程监管，对假冒伪劣、套牌侵权等突出问题要重拳出击，让侵权者付出沉重代价。《种业振兴行动方案》将修改种子法列为重点任务。

委员会认真学习习近平总书记的重要指示和党中央文件精神，充分认识到，种子是发展现代农业、保障国家粮食安全的基础；种业知识产权保护对促进种业创新、保障国家粮食安全极其重要，建立激励和保护原始创新的种业法律制度，是打好种业翻身仗的关键；要将种子法修改作为落实国家“藏粮于技”战略的重要内容，重点完善植物新品种保护制度。

委员会广泛听取有关部门、育种科研机构和科研人员及专家学者的意见，赴地方调研并与农业企业、农民专业合作社和基层干部群众广泛座谈交流，深入研究有关问题。植物新品种权是保护农业领域育种创新成果的一类知识产权。2015 年修订的种子法，新增专章规范植物新品种权，为保护育种者合法权益、促进种业创新发展提供了法治保障。近年来我国植物新品种权申请总量和授权总量快速增加，但是，在品种数量增加的同时，我国主要粮食作物的突破性原始创新品种少、修饰性品种多，育种遗传基础越来越窄，品种同质化问题突出。鉴于当时我国作物育种发展情况和各方面对植物新品种权保护强度的认识不同，2015 年修订的种子法对植物新品种权在保护范围上限于繁殖材料，保护环节上限于繁殖材料的生产、繁殖和销售，未对实质性派生品种制度作出明确规定。当前，适应促进现代农业发展新形势，构建新发展格局，推动高质量发展，迫切需要修改原有制度设计以激励育种创新。

经研究讨论，形成了种子法修正草案，主要从三个方面加大植物新品种保护力度。一是扩大植物新品种权的保护范围及保护环节。保护范围由繁殖材料延伸到收获材料。这样，品种权人应当尽量对繁殖材料行使权利，如果没有合理机会对繁殖材料行使权利，则可以对涉及未经许可使用授权品种的繁殖材料而获得的收获材料行使权利。品种权人主张权利的机会增加了，可以更好解决品种权维权难问题。保护环节由生产、繁殖、销售等三个环节，扩展到生产、繁殖、为繁殖而进行处理、许诺销售、销售、进口、出口以及为实施上述行为储存等八个环节。这也是增加了权利人主张权利的机会。二是建立实质性派生品种制度。实质性派生品种是在原始品种基础上进行的创新，可能具有特定性状和特殊价值，但是如果原始品种人的创新价值和相关权利得不到体现，不利于激励原始创新。法律明晰原始品种权人和派生品种权人的利益分享机制，明确对实质性派生品种实施规定行为的，应当征得原始品种的植物新品种权所有人的同意；实质性派生品种制度的实施步骤和办法由国务院规定。三是完善侵权赔偿制度。提高了侵害植物新品种权行为的赔偿数额，提高对生产经营假种子、劣种子的处罚数额，等等。

十三届全国人大常委会第三十二次会议表决通过关于修改种子法的决定。修改后的种了法提升了我国种业知识产权保护水平，必将推动种业科技创新再上新台阶。

四、参阅资料

黑土地基本情况

黑土地是指以黑色或暗黑色腐殖质表土层为标志的土地，是一种性状好、肥力高、适宜农耕的优质土地，是十分宝贵的资源。

“黑土”一词最早来自民间，是人们对黑色土壤的称呼，相应的地块称为“黑土地”。我国土壤工作者开展黑土地研究时沿用了民间称呼。20 世纪 50 年代开始对黑土的分类进行研究，至 80 年代全国第二次土壤普查确定将黑土归为黑土土类，并沿用至今。黑土是适宜农耕、具黑色或暗黑色腐殖质表土层的土壤，主要包括黑土、黑钙土、草甸土、白浆土、暗棕壤、棕壤、开垦后的水稻土以及其他一些土类。

一、黑土地土壤形成与分类

不同类型黑土的形成，都经历了有机质大量积累过程。东北地区由于植被丰富，通过根和枯枝落叶向土壤输入大量有机物质，同时由于低温，导致有机质难以降解，因此土壤有机质大量积累，形成黑色或暗黑色腐殖质层。

由于环境与地理因素差异，形成的黑土类型也不同。主要黑土类型介绍如下。

（一）黑土

其形成是由于轻度滞水，导致土壤物质随水转移并发生化学反应等过程。黑土土壤物质随水转移存在于深度 1 米甚至 2~3 米土体内。黑土主要分布在黑龙江省、吉林省、辽宁省及内蒙古自治区，总面积 7.02 万平方公里。东北黑土分布区属温带湿润、半湿润季风气候，年平均气温 0 ~6.7℃，≥10℃积温 2000~3000℃，无霜期 110 ~140 天，年降水量 500 ~ 600 毫米。自然植被为草原化草甸或草甸化草原。

（二）黑钙土

分布区降水少、蒸发量大，土壤中碳酸盐被水淋失的速度慢，同时部分被水淋失的钙镁碳酸盐积聚于腐殖质层以下，形成明显的聚积层。黑钙土主要分布在内蒙古自治区、吉林省西部及黑龙江省西部，总面积 9.58 万平方公里。黑钙土分布区属温带半干润季风气候，年平均气温-2~5℃，≥10℃积温 1500~3000℃，无霜期 80~120 天，年降水量 300~500 毫米。自然植被为草甸草原。

（三）暗棕壤

呈弱酸性，分布区降水相对丰富，存在明显的冻融层

(夏季融化、冬季冻结的土层)。主要分布于黑龙江省、吉林省及内蒙古自治区东部，总面积 31.95 万平方公里。暗棕壤分布区属温带湿润季风气候，年平均气温-2~5℃，≥10℃积温为 1900~3300℃，无霜期 80~155 天，年降水量 600~1100 毫米。自然植被是以红松为主的针阔混交林或阔叶林、乔灌混交林。

（四）棕壤

呈中性偏酸，分布区降水相对丰富。在表土和淀积有粘化层。棕壤集中分布在辽东半岛，并延伸至吉林省境内西南边缘的低山丘陵，总面积 4.99 万平方公里。棕壤分布区属暖温带湿润、半湿润季风气候，年平均气温 5~15℃，≥10℃积温 2700~4500℃，无霜期 120~220 天，年降水量为 500~1200 毫米。自然植被主要为针阔混交林、针叶林、阔叶林。

（五）白浆土

质地黏重。土壤表层之下脱色成为灰白色土层（白浆层)。白浆土主要分布在黑龙江省和吉林省东部山麓岗平地和河谷台地上，总面积 5.27 万平方公里。白浆土分布区属温带湿润、半湿润季风气候，年平均气温-1.6~3.5℃，≥10℃积温 1900~2800℃，无霜期 87~154 天，年降水量 500~900 毫米。自然植被为针阔混交林、次生杂木林、草甸及沼泽化草甸。

（六）草甸土

在地形低平、地下水位较高、土壤水分较多、草甸植被生长繁茂的条件下发育形成。草甸土在东北黑土区均有分布，总面积 17.56 万平方公里。草甸土分布区属温带湿润、半湿润、半干旱气候，年平均气温 0~10℃，年降水量 200~800 毫米。自然植被为湿生型草甸植物、草甸草原植物、沼生植物。

此外，水稻土是指在长期淹水种稻条件下，受到人为活动和自然成土因素的双重作用，产生水耕熟化氧化与还原交替，以及物质的淋溶、淀积，形成特有剖面特征的土壤。东北地区水稻土可以在自然黑土类型的基础上形成。

二、黑土地分布情况

大面积分布有黑土地的区域被称为黑土区。全球范围内，黑土区总面积占全球陆地面积不足 7%，且主要集中在四大黑土区：北美洲的密西西比河流域、乌克兰和俄罗斯大平原、中国东北黑土区及南美洲的潘帕斯大草原。

中国东北黑土区范围北起大小兴安岭，南至辽宁省南部，西到内蒙古东部的大兴安岭山地边缘，东达乌苏里江和图们江，总面积为 109 万平方公里，约占全球黑土区总面积的 12%，行政区涉及黑龙江省和吉林省全部、辽宁省东北部及内蒙古自治区“东四盟”，其中耕地面积约 5.6 亿亩（二调数据 5.57 亿亩，三调数据 5.63 亿亩）。

三、黑土地的主要功能

1. 黑土地被誉为世界粮仓。北美大平原、东欧大平原、中国东北平原和南美潘帕斯草原黑土地分别享有“世界粮食第一大出口区”“欧洲大粮仓”“中国重要粮仓”和“南美粮仓和肉库”的美誉，全球黑土带粮食生产状况直接关系着世界粮食安全。中国黑土被称为耕地中的“大熊猫”，是重要的粮食生产基地，占全国粮食总产的1/4、商品粮调出量的1/3。

2. 黑土地是天然基因库。每克土壤中含有数百万到数亿的细菌、真菌等。土壤生物多样性不仅保持着土壤的生态功能，而且参与自然界生命物质循环与转化，对整个地球生物多样性有巨大贡献，也在人类生活中得到广泛应用。研究表明，黑土中营养物质含量较高、适宜大多数微生物生长发育，因此黑土中生物多样性高于其他类型土壤，是天然的基因库。

3. 黑土地对调节全球碳平衡起重要作用。土壤有机碳库是陆生系统中最大的有机碳库，是大气碳库储量的2~3倍。土壤与大气间碳的年交换量高达600亿~800亿吨，是每年石油和煤等化石燃料燃烧释放碳量的12~16倍。有研究表明，如果全球土壤有机碳在目前的水平上增加1%，土壤固定的有机碳将增加150亿吨左右。土壤碳库的每一个微小变化都会影响大气二氧化碳的浓度，甚至引起全球气候变化。我国东北典型黑土地处于四季分明的寒温带，植被茂盛、湿地遍布，不论从海拔、温度、降水量和土壤含水量等任一维度衡量都是天然的吸碳宝地。但如果过度开发、用养不平衡，黑土地也会成为巨大的碳排放源。

四、黑土地保护面临的突出问题

由于多年来对黑土资源进行高强度开发，加上不合理的经营管理方式和不科学的耕作制度，我国东北黑土资源客观上面临着有机质含量下降、水土流失、土壤退化等问题。由于保护意识不强，甚至还出现了盗挖黑土等行为。这些问题严重制约了东北黑土区农业的可持续发展。

（一）土壤有机质含量下降

黑土地大多已有较长的开垦历史，频繁的人类生产活动对土壤产生了较大影响。黑土地被开垦为耕地后，长期高强度利用，耕地地力持续透支，其土壤有机质含量不断下降。监测数据显示，东北黑土地存在变“瘦”现象。1980年至2011年，东北黑土地土壤有机质含量持续下降，是我国该时期旱地唯一下降的地区。近60年，黑土耕作层土壤有机质含量下降了1/3，部分地区下降了50%，并逐步进入一个相对稳定期，辽河平原多数地区土壤有机质含量已降低到20克/千克以下。有机质含量降低导致耕地基础地力下降。

（二）水土流失严重

受其所处的地理位置及漫川漫岗地形的影响，东北黑土地易发生水蚀、风蚀、冻融侵蚀和重力侵蚀等，且以水蚀和风蚀为主。据中国水土保持公报 2019 年数据，东北黑土地水土流失面积为 21.87 万平方公里，占黑土地总面积的 20.11%。水土流失主要发生在 3~15°坡耕地，占黑土地水土流失总面积的 46.39%；其中 60%以上的旱作农田发生了水土流失问题，黑土层正以年均 0.1~0.5 厘米的速度剥蚀流失，黑土逐渐变“薄”。受侵蚀影响，东北黑土地土壤养分流失严重，每年因侵蚀流失的土壤有机碳量为 0.09~0.78 百万吨，每平方公里流失氮磷 180~240 千克、钾 360~480 千克，相当于流失农家肥 7500~15000 千克。水利部水土流失动态监测结果显示，部分地区黑土层厚度已由 20 世纪 50 年代的 60~80 厘米下降到当前的 20~40 厘米。玉米产量随黑土层厚度减小呈明显下降趋势，每侵蚀 1 厘米黑土层，玉米减产 123.7 千克/公顷。侵蚀沟造成耕地破碎化，东北黑土地分布长度百米以上的侵蚀沟 29.17 万条，累计损毁耕地 33.3 万公顷，年均影响粮食产量 280 多万吨。

（三）耕层构造劣化

土壤压实一直被认为是现代农业中威胁作物产量与土壤生态环境质量的全球性环境问题。不合理的机械化土壤耕作易导致土壤压实。土壤环境遭到破坏，主要表现为土壤板结、机械阻力增加、理化及生物性状变差等，致使耕作投入与产出不呈正相关，粮食减产，温室气体排放增加，地表径流加剧造成水土流失。黑土是较容易形成紧实层的土壤类型。东北地区小马力拖拉机作业多，翻耕深度小于20厘米，受农机具轧压等因素影响，导致旱地产生犁底层并上移加厚，致使土壤硬化、板结。黑土变“硬”导致作物根系下扎困难，容易产生倒伏，蓄水保墒能力下降，影响作物产量。研究表明，与自然黑土相比，开垦20年、40年和80年的耕地土壤0~30厘米土层土壤容重分别增加7.59%、34.18%和59.49%，总孔隙度分别下降1.91%、13.25%和22.68%，田间持水量分别下降10.74%、27.38%和53.90%。与自然恢复20年以上的黑土相比，在0~20厘米土层，吉林德惠和梨树农田黑土容重分别增加7.83%和6.96%、土壤硬度增加3.04%和21.61%，黑龙江海伦黑土容重增加4.13%。与第二次土壤普查时的数据相比，退化黑土中黏粒含量下降5.04%，部分黑土质地由轻壤土变成中壤土，黑土表层细颗粒向粗颗粒转变，进一步降低土壤的蓄水和供肥能力。

（四）耕层酸化明显

农业生产中，化肥替代传统有机肥已成为普遍现象，施用过量的化肥虽在短时间内能使农作物产量有所提升，但长期施用会造成土壤酸化，土壤肥力降低，给后续种植造成严重影响。过量施用化肥使氮大量增加，土壤环境达到氮饱和，剩余的氮以硝酸根形式在土壤表层富集、产生淋失，导致土壤酸化。此外，东北黑土区以前采用不科学的种植模式如大豆连作等，因其根系在生长过程中产生酸性物质，长期连作会破坏土壤中盐基离子，造成土壤酸化，影响后期种植产量。目前东北黑土区 pH 值在 5.5~6.5 的耕地占 46.89%。黑土酸化导致土壤质量下降，土壤微生物活性降低，作物生长发育受限，土壤重金属的活性增加，增加重金属污染风险，影响作物品质，威胁人体健康。

此外，由于地理气候与地形地貌原因，东北地区也是世界三大苏打盐碱土分布区之一，占地 7.66 万平方公里。近年来不合理的开发利用和不科学的农业措施，如不合理灌溉，也加剧了土地盐碱化。

国家开展黑土地保护的主要情况

近年来，我国不断加强黑土地保护利用，有关部门和东北四省（区）认真贯彻落实习近平总书记系列重要指示批示精神，积极推进黑土地保护利用，取得一定成效。

一、科学规划黑土地保护利用

2017 年，经国务院同意，农业部、国家发展改革委等六部门联合印发了《东北黑土地保护规划纲要（2017—2030 年）》，明确到 2030 年在东北典型黑土区实施 2.5 亿亩黑土耕地保护任务。2020 年，经国务院同意，农业农村部和财政部联合印发《东北黑土地保护性耕作行动计划（2020—2025 年）》，明确到 2025 年在东北适宜区域实施以秸秆覆盖还田、免（少）耕播种为主要内容的保护性耕作 1.4 亿亩。2021 年，经国务院同意，农业农村部、国家发展改革委等七个部门联合印发了《国家黑土地保护工程实施方案（2021—2025 年）》，明确了“十四五”期间开展保护利用黑土耕地 1 亿亩的目标任务，包含标准化示范面积 1800 万亩，按照“各炒一盘菜、共做一桌席”思路，统筹高标准农田建设、小流域综合治理、保护性耕作、秸秆综合利用、深松整地、绿色种养循环农业、东北黑土地保护利用、畜禽粪污资源化利用等已有项目，加强工作统筹，资金整合，多措并举，开展黑土地综合整治。

二、实施黑土地保护工程

推进高标准农田建设。2018 年机构改革后，中央通过整合农田相关项目资金，支持各地大力开展包括土地平整、田间灌排设施、田间道路、农田输配电等内容的高标准农田建设。“十二五”以来，东北四省（区）累计建成高标准农田近 1.8 亿亩（其中典型黑土区 8735 万亩），近两年完成建设任务 3301 万亩，农田基础设施不断完善，耕地质量进一步提升。

加强水土流失治理。为开展东北黑土区水土流失治理，2016 年以来，国家实施了小流域综合治理、坡耕地综合整治和东北黑土区侵蚀沟综合治理等水土保持重点工程，治理水土流失面积超过 1.5 万平方公里。为减缓地表风速、遏制土壤风蚀，国家大力开展农田防护林建设，1999-2014 年安排东北四省（区）退耕还林还草 10071 万亩，通过退耕还林还草工程，东北黑土区风蚀水蚀得到有效缓解，生态得到改善。2021-2025 年，东北黑土区将集中力量建设高标准农田 5000 万亩，治理侵蚀沟 7000 条，加大土壤侵蚀防治，强化农田基础设施建设。

三、推广黑土地保护技术

2015 年以来，为做好黑土地保护，农业农村部积极推广应用黑土地保护利用农艺措施，先后实施黑土地保护利用试点 1050 万亩、保护性耕作 1. 1 亿亩次、深松整地 3. 11 亿亩次、实施秸秆还田 3. 8 亿亩次。紧紧围绕东北黑土地保护利用项目实施，组织东北四省（区）有关专家及各级耕地质量监测保护、农业技术推广、土壤肥料等部门，探索工程与生物、农机与农艺、用地与养地相结合的综合治理模式，形成了以免耕少耕秸秆覆盖还田为关键技术的防风固土“梨树模式”，以秸秆粉碎、有机肥混合深翻还田，以玉米-大豆轮作为关键技术的深耕培土“龙江模式”，以玉米连作与秸秆一年深翻两年归行覆盖还田的“中南模式”等为代表的 10 种黑土地综合治理模式并广泛应用。今后，将因地制宜地应用黑土地保护利用综合技术模式，对东北黑土地进行分区分类综合治理。

黑土地保护利用技术的探索

针对黑土地保护利用存在的突出问题，各地积极探索黑土地保护利用技术，目前已经形成了一些成功经验和做法。随着科技发展和科研进展，将来还可以继续探索有效的黑土地保护技术。由于黑土地分布广阔，不同地域积温、降雨、蒸发、风力等条件不同，适宜采取的技术措施也不同。保护黑土地要因地制宜，坚持从实际出发，不搞“一刀切”。

下面简要介绍几种黑土地保护利用技术。

一、保护性耕作

保护性耕作是一种“为减少土壤侵蚀，任何能保证在播种后地表作物秸秆残茬覆盖率不低于30%的耕作和种植管理措施”。目前，该技术已在国外广泛应用。实践证明，保护性耕作可有效遏制黑土地退化，但也存在土壤压实、秸秆全量还田难、杂草侵扰、病虫害等问题。

东北地区是我国保护性耕作的先行区，黑土地推广应用了一批新型耕作模式，如秸秆覆盖还田免耕技术、宽窄行秸秆全覆盖还田/宽窄行留茬交替休闲种植技术、秸秆覆盖条带耕作/秸秆旋耕全量还田技术等，其中秸秆覆盖还田条带耕作技术已成为“梨树模式”的主体模式之一。不同秸秆覆盖量及覆盖模式对土壤有机质截获和积累过程、养分循环过程以及水热调控过程有显著的影响。

专栏1：东北黑土地保护性耕作技术体系

保护性耕作是指能够保持水土、培肥地力和保护生态环境的耕作措施与技术体系。保护性耕作以秸秆覆盖和少耕、免耕、深松为中心内容，通过减少对土壤的耕种次数、实行地表覆盖、合理耕作，达到保水、保土、保肥、抗旱增产、节本增效、改善生态的目的。是东北黑土地恢复和培肥地力的重要技术措施。

技术环节：秸秆覆盖还田情况下少免耕播种施肥、秸秆残茬管理、病虫草害防控、深松与表土作业等。

主要技术模式：秸秆覆盖还田免耕、宽窄行秸秆全覆盖还田免耕/宽窄行留茬交替休闲种植、秸秆覆盖条带耕作/秸秆旋耕全量还田等。

技术效果：有效利用作物秸秆，解决焚烧秸秆造成环境污染问题，具有固土效益（风蚀水蚀“双减”）、蓄水保墒效益（每年土壤多蓄纳降水60~80毫米）、保肥效益（提升黑土有机质17%和养分供给能力）、固碳减排效益（土壤二氧化碳排放量下降10%）和增加土壤生物多样性（物种丰富度提高10%~20%）。与传统耕作相比，可减少50%~60%的田间作业次数，从而显著降低生产成本，使广大农户获得更高的经济效益。

二、肥沃耕层构建

中国科学院东北地理与农业生态研究所提出了适合黑龙江省的黑土地保护利用的“龙江模式”，包括松嫩平原中东部和三江平原大部分地区的“黑土层保育模式”、松嫩平原中部的“黑土层培育模式”。农业农村部耕地质量监测保护中心组织创建了秸秆深翻埋还田肥沃耕层构建技术模式，并组织制定了该技术的行业标准《东北黑土区旱地肥沃耕层构建技术规程》（NY/T 3694－2020）。

专栏2：东北黑土地肥沃耕层构建技术体系

肥沃耕层构建技术是东北黑土地保护利用的关键技术之一。

技术环节：采用深翻和深混等机械作业方式，将0~35厘米土层旋转60~120度，同时将秸秆和有机肥深混于0~35厘米土层中进行肥沃耕层构建。

主要技术模式：肥沃耕层构建技术模式。

技术效果：解决了玉米秸秆全量还田的技术瓶颈。耕层厚度增加至30厘米以上，土壤有机质、速效磷和速效钾含量分别提高了9.1%、9.3%和13.7%以上，土壤培肥效果显著。土壤容重下降了15.0%，孔隙度增加了7~10个百分点，团聚体增加了27.2%，土壤结构优化明显。玉米和大豆分别增产10.5%和11.3%以上，作物增产效果突出。

三、水土保持

为建立黑土地水土保持技术模式，中国科学院等科研机构根据坡度实施丘陵复式地梗水土保持技术，应用秸秆填埋、耕地复垦技术治理侵蚀沟，形成了治理漫川漫岗侵蚀黑土的水土保持技术体系。该技术模式作为国家“黑土地保护试点工程”“东北黑土区水土流失综合治理重大工程”“黑土区侵蚀沟治理专项工程”的重要推广技术，已在黑龙江省海伦市、拜泉县、巴彦县，吉林省梨树县、榆树市、公主岭市，辽宁省昌图县以及内蒙古“东四盟”得到了广泛推广。2003年国家启动了“东北黑土区水土流失综合防治试点工程”，东北黑土区进入大规模开展水土保持工程建设阶段。2009年水利部颁布了东北黑土区首个水利行业标准《东北黑土区水土流失综合防治技术标准》（SL446-2009）。

专栏 3：东北黑土地水土保持技术模式
水土流失治理技术模式是防治东北黑土地坡耕地侵蚀的有效措施之一。 技术环节：坡耕地水土保持措施主要有等高改垄（<3°）、地梗植物带（3°~5°）、梯田（>5°）坡面水土保持工程措施，秸秆覆盖条耕、大垄、垄沟苗期深松、垄向区田等。侵蚀沟防治措施主要有沟头跌水、沟底谷坊和沟坡护岸等工程措施和生态植被恢复。 主要技术模式：工程措施为主植物措施为辅、植物措施为主工程措施为辅、植物措施和复垦四种模式。 技术效果：坡耕地实施水土保持措施后土壤侵蚀可降低 80%以上，耕层土壤有机质含量以年均 5.4‰速率增加，采用等高改垄、地梗植物带和梯田的治理措施后粮食分别增产 10%、15%和 20%。治理后的侵蚀沟稳定，完全被林草所覆盖，填埋复垦后的侵蚀沟消失，地块完整，生态环境显著改观。

四、盐碱地治理

东北苏打盐碱地是我国主要盐碱地类型之一，主要分布于东北西部，属于典型生态脆弱区。“水”是盐碱地治理的基本条件，松嫩平原北部已建成多条引嫩干渠，初步具备盐碱地生态治理的水资源条件，但仍需强化流域水资源空间配置及洪水资源利用，特别是科学调配嫩江、松花江等邻近河流水资源。除水源保障外，东北地区盐碱地改良的重要措施还包括客土改良，施用石膏类物质、硫酸或酸性盐、有机质、腐殖酸等改良剂，种植水稻、苜蓿等作物，秸秆覆盖等农艺措施，规范化改造低洼内涝区排水系统，暗管排盐、微咸水淋洗、膜下滴灌等水利措施。其中铺设暗管排水排盐是治理低洼内涝区“鱼眼泡”（“鱼眼泡”的形成主要是因为地势低洼、雨水集积、积水排不出去，导致地表土被泡得很松软，下面形成一层沉积的粘土层，使水很难渗入地下，导致无法耕种）的重要方法。

五、秸秆还田

在各种黑土地保护利用技术体系中，秸秆还田都是一项重要内容。

秸秆还田是实现秸秆资源化利用，培肥地力的一种重要措施。通过秸秆还田，能有效增加土壤有机质含量，改良土壤，提高土壤肥力和作物产量。东北地区玉米秸秆产量十分丰富，约占全国秸秆量的30%以上。由于冬季气温低，玉米秸秆在地表难以有效腐解，因此以“深翻还田”为核心的技术模式成为秸秆处理的重要途径。这种模式的主要操作方式为：联合收割机收割玉米后，将玉米秸秆粉碎均匀抛洒地面，然后用重型拖拉机深翻还田，在春季进行耙平，开展下一季农事生产。除秸秆“深翻还田”外，秸秆免耕覆盖能有效防止水土流失；秸秆过腹还田将种植业与养殖业结合，不仅解决秸秆焚烧、畜禽饲料的问题，还通过畜禽粪污无害化后还田提高土壤肥力，解决粪污去向问题。因此，东北地区秸秆还田的模式需要根据问题导向与目标导向选择合适的还田方式。

东北黑土地保护规划纲要
（2017—2030年）

引 言

耕地是重要的农业资源和生产要素，是粮食生产的“命根子”。落实好新形势下国家粮食安全战略，把中国人的饭碗牢牢端在自己手上，出路在科技，动力在政策，但根本还在耕地。东北是我国重要的粮食生产优势区、最大的商品粮生产基地，在保障国家粮食安全中具有举足轻重的地位。当前，东北黑土地数量在减少、质量在下降，影响粮食综合生产能力提升和农业可持续发展。

党中央、国务院高度重视东北黑土地保护，明确提出要采取有效措施，保护好这块珍贵的黑土地。按照《国民经济和社会发展第十三个五年规划纲要》《全国农业现代化规划（2016—2020年）》《全国农业可持续发展规划（2015—2030年）》《农业环境突出问题治理总体规划（2014—2018年）》的要求，农业部会同国家发展改革委、财政部、国土资源部、环境保护部、水利部编制了《东北黑土地保护规划纲要（2017—2030年）》（以下简称《规划纲要》)。

本《规划纲要》期限为2017—2030年，实施范围为内蒙古东部和辽宁、吉林、黑龙江的黑土区。

一、重要性和紧迫性

黑土地是地球上珍贵的土壤资源，是指拥有黑色或暗黑色腐殖质表土层的土地，是一种性状好、肥力高、适宜农耕的优质土地。东北平原是世界三大黑土区之一，北起大兴安岭，南至辽宁省南部，西到内蒙古东部的大兴安岭山地边缘，东达乌苏里江和图们江，行政区域涉及辽宁、吉林、黑龙江以及内蒙古东部的部分地区。根据第二次全国土地调查数据和县域耕地质量调查评价成果，东北典型黑土区耕地面积约2.78亿亩。其中，内蒙古自治区0.25亿亩，辽宁省0.28亿亩，吉林省0.69亿亩，黑龙江省1.56亿亩。

东北黑土区曾是生态系统良好的温带草原或温带森林景观，土壤类型主要有黑土、黑钙土、白浆土、草甸土、暗棕壤、棕壤等。原始黑土具有暗沃表层和腐殖质，土壤有机质含量高，团粒结构好，水肥气热协调。上世纪50年代大规模开垦以来，东北黑土区逐渐由林草自然生态系统演变为人工农田生态系统，由于长期高强度利用，加之土壤侵蚀，导致有机质含量下降、理化性状与生态功能退化，严重影响东北地区农业持续发展。黑土地是东北粮食生产能力的基石，保护和提升黑土耕地质量，实施东北黑土区水土流失综合治理，是守住“谷物基本自给、口粮绝对安全”战略底线的重要保障，是“十三五”规划纲要明确提出的重要生态工程，对于保障国家粮食安全和加强生态修复具有十分重要的意义。

（一）保护黑土地是保障国家粮食安全的迫切需要。贯彻新形势下国家粮食安全战略，根本在耕地。东北地区是我国重要的商品粮基地，粮食产量占全国的 1/4，商品量占全国的 1/4，调出量占全国的 1/3。多年来，东北黑土区受水蚀、风蚀与冻融侵蚀等因素影响，造成部分坡耕地黑土层变薄，地力水平下降。加强东北黑土地保护，稳步提升黑土地基础地力，国家粮食安全就有坚实基础。

（二）保护黑土地是实施“藏粮于地、藏粮于技”战略的迫切需要。实施“藏粮于地、藏粮于技”战略，需要严格落实耕地保护制度、扎紧耕地保护的“篱笆”，更需要加强耕地质量保护、巩固提升粮食产能。东北黑土土壤腐殖质层深厚，有机质含量较高。由于多年开发利用，自然流失较多，补充回归较少，造成有机质含量逐年下降。据监测，近 60 年来，黑土耕作层土壤有机质含量下降了 1/3，部分地区下降了 50%。辽河平原多数地区土壤有机质含量已降到 20g/kg 以下。加强东北黑土地保护，采取综合性治理措施，有利于提升土壤有机质含量，提高黑土地综合生产能力。

（三）保护黑土地是促进农业绿色发展的迫切需要。多年来，为保障供给，东北黑土区耕地资源长期透支，化肥农药投入过量，打破了黑土原有稳定的微生态系统，土壤生物多样性、养分维持、碳储存、缓冲性、水净化与水分调节等生态功能退化。此外，近些年东北地区水稻面积逐年扩大，地下水超采严重。加强东北黑土地保护，大力推广资源节约型、环境友好型技术，有利于加快修复农田生态环境，促进生产与生态协调，推动农业绿色发展。

（四）保护黑土地是提升我国农产品竞争力的迫切需要。东北黑土区是我国水稻、玉米、大豆的优势产区，但农业规模化水平低，基础地力不高，导致生产成本增加，农产品价格普遍高于国际市场，产业竞争力不强。加强黑土地保护，大力发展生态农业、循环农业、有机农业，有利于实现节本增效、提质增效，提高东北粮食等农产品的质量效益和竞争力。

二、总体要求

（一）总体思路。

全面贯彻党的十八大和十八届三中、四中、五中、六中全会精神，深入贯彻习近平总书记系列重要讲话精神和治国理政新理念新思想新战略，认真落实党中央、国务院决策部署，统筹推进“五位一体”总体布局和协调推进

“四个全面”战略布局，牢固树立和贯彻落实创新、协调、绿色、开放、共享的发展理念，加快实施“藏粮于地、藏粮于技”战略，以巩固提升粮食综合生产能力和保障土地资

源安全、农业生态安全为目标，依靠科技进步，加大资金投入，调整优化结构，创新服务机制，推进工程与生物、农机与农艺、用地与养地相结合，改善东北黑土区设施条件、内在质量、生态环境，切实保护好黑土地这一珍贵资源，夯实国家粮食安全的基础。

（二）基本原则。

———坚持用养结合、保护利用。统筹粮食增产、畜牧业发展、农民增收和黑土地保护之间的关系，调整优化农业结构和生产布局，推广资源节约型、环境友好型技术，在保护中利用、在利用中保护。

———坚持突出重点、综合施策。以耕地质量建设和黑土地保护为重点，统筹土、肥、水、种及栽培等生产要素，综合运用工程、农艺、农机、生物等措施，确保黑土地保护取得实效。

———坚持试点先行、逐步推进。在东北黑土地保护利用试点的基础上，积累经验，有序推进。衔接相关投资建设规划，集中资金投入，推进连片治理，做到建一片成一片，使黑土质量得到提升。

——坚持政府引导、社会参与。坚持黑土保护的公益性、基础性、长期性，发挥政府作用，加大财政投入力度。鼓励地方加大黑土保护投入。发挥市场机制作用，鼓励农民筹资筹劳，引导社会资本投入黑土地保护。

（三）保护目标。

1. 保护面积。到 2030 年，集中连片、整体推进，实施黑土地保护面积 2.5 亿亩（内蒙古自治区 0.21 亿亩、辽宁省 0.19 亿亩、吉林省 0.62 亿亩、黑龙江省 1.48 亿亩），基本覆盖主要黑土区耕地。通过修复治理和配套设施建设，加快建成一批集中连片、土壤肥沃、生态良好、设施配套、产能稳定的商品粮基地。

2. 耕地质量。到 2030 年，东北黑土区耕地质量平均提高 1 个等级（别）以上；土壤有机质含量平均达到 32g/kg 以上、提高 2g/kg 以上（其中辽河平原平均达到 20g/kg 以上、提高 3g/kg 以上）。通过土壤改良、地力培肥和治理修复，有效遏制黑土地退化，持续提升黑土耕地质量，改善黑土区生态环境。

三、重点任务

（一）提升黑土区农田系统的可持续性。改变利用方式，形成复合稳定的农田生态系统。在黑土范围的冷凉区、农牧交错区退耕还林还草还湿，使农田生态与森林生态和草地生态相协调；在风沙区推广少免耕栽培技术，减少风蚀沙化；在平原旱作区推广深松深耕整地，提高土壤蓄水保肥能力。推行粮豆轮作，推进农牧结合，构建用地养地结合的产业结构。

（二）提升黑土区资源利用的可持续性。将黑土耕地划为永久基本农田，并结合划定粮食生产功能区和重要农产品生产保护区，实行最严格的保护，实现永续利用。落实最严格水资源管理制度，推广节水技术，在三江平原、松嫩平原、辽河平原地表水富集区，控制水稻生产，合理开发利用地表水，减少地下水开采，恢复提升地下水水位。加快农业废弃物资源化利用，增施有机肥，实行秸秆还田，增加土壤碳储存和腐殖质，增强黑土微生物活力。以高标准农田建设为主要方向，完善农田水利配套设施，建设高产生态良田。

（三）提升黑土区生态环境的可持续性。治理面源污染，重点是控制工矿企业排放和城市垃圾、污水等外源性污染，推进化肥农药减量增效，推行农膜回收利用，率先在东北地区实现大田生产地膜零增长，减少对黑土地的污染。加强小流域水土流失综合治理，搞好缓坡耕地治理、侵蚀沟治理，推广等高修筑地埂，种植生物篱带、粮油作物隔带种植等水土流失综合治理模式，建立合理的农田林网结构，保持良好的田间小气候，保护生物多样性，防治黑土沙化风蚀。

（四）提升黑土区生产能力的可持续性。保持良好的外在设施，加快在东北黑土区建设一批集中连片、旱涝保收、稳产高产、生态友好的高标准农田，实现土地平整、沟渠配套、田间路通、林网完善。保持良好的内在质量，培育土体结构优良、耕层深厚、有机质丰富、养分均衡、生物群落合理的土壤，将剥离后耕层土壤用于中低产田改造、高标准农田建设和土地复垦。提升农机装备水平，推广大马力、高性能农业机械，开展深松深耕整地作业，巩固提升农业综合生产能力。

四、技术模式

（一）积造利用有机肥，控污增肥。通过增施有机肥、秸秆还田，增加土壤有机质含量，改善土壤理化性状，持续提升耕地基础地力。建设有机肥生产积造设施。在城郊肥源集中区，规模畜禽场（养殖小区）周边建设有机肥工厂，在畜禽养殖集中区建设有机肥生产车间，在农村秸秆丰富、畜禽分散养殖的地区建设小型有机肥堆沤池（场），因地制宜促进有机肥资源转化利用。推进秸秆还田，配置大马力机械、秸秆还田机械和免耕播种机，因地制宜开展秸秆粉碎深翻还田、秸秆覆盖免耕还田等。在秸秆丰富地区，建设秸秆气化集中供气（电）站，秸秆固化成型燃烧供热，实施灰渣还田，减少秸秆焚烧。

（二）控制土壤侵蚀，保土保肥。加强坡耕地与风蚀沙化土地综合防护与治理，控制水土和养分流失，遏制黑土地退化和肥力下降。对漫川漫岗与低山丘陵区耕地，改顺坡种植为机械起垄等高横向种植，或改长坡种植为短坡种植，等高修筑地埂并种植生物篱，根据地形布局修建机耕道。对侵蚀沟采取沟头防护、削坡、栽种护沟林等综合措施。对低洼易涝区耕地修建条田化排水、截水排涝设施，减轻积水对农作物播种和生长的不利影响。

（三）耕作层深松耕，保水保肥。开展保护性耕作技术创新与集成示范，推广少免耕、秸秆覆盖、深松等技术，构建高标准耕作层，改善黑土地土壤理化性状，增强保水保肥能力。在平原地区土壤粘重、犁底层浅的旱地实施机械深松深耕，配置大型动力机械，配套使用深松机、深耕犁，通过深松和深翻，有效加深耕作层、打破犁底层。建设占用耕地，耕作层表土要剥离利用，将所占用耕地耕作层的土壤用于新开垦耕地、劣质地或者其他耕地的土壤改良。

（四）科学施肥灌水，节水节肥。深入开展化肥使用量零增长行动，制定东北黑土区农作物科学施肥配方和科学灌溉制度。促进农企合作，发展社会化服务组织，建设小型智能化配肥站和大型配肥中心，推行精准施肥作业，推广配方肥、缓释肥料、水溶肥料、生物肥料等高效新型肥料，在玉米、水稻优势产区全面推进配方施肥到田。配置包括首部控制系统、田间管道系统和滴灌带的水肥设施，健全灌溉试验站网，推广水肥一体化和节水灌溉技术。

（五）调整优化结构，养地补肥。在黑龙江和内蒙古北部冷凉区，以及吉林和黑龙江东部山区，适度压缩籽粒玉米种植规模，推广玉米与大豆轮作和“粮改饲”，发展青贮玉米、饲料油菜、苜蓿、黑麦草、燕麦等优质饲草料。在适宜地区推广大豆接种根瘤菌技术，实现种地与养地相统一。推进种养结合，发展种养配套的混合农场，推进畜禽粪便集中收集和无害化处理。积极支持发展奶牛、肉牛、肉羊等草食畜牧业，实行秸秆“过腹还田”。

五、保障措施

保护东北黑土地是一项长期而艰巨的任务，需要加强规划引导，统筹各方力量，加大资金投入，强化监督评价，合力推进东北黑土地的保护。

（一）加强组织领导。东北4省（区）成立由政府分管负责同志牵头，农业、发展改革、财政、国土资源、环境保护、水利等部门负责同志组成的黑土地保护推进落实机制，加强协调指导，明确工作责任，推进措施落实。农业部会同国家发展改革委、财政部、国土资源部、环境保护部、水利部，加强对东北黑土地保护的工作指导和监督考核，构建上下联动、协同推进的工作机制，确保东北黑土地保护落到实处、取得实效。

（二）强化政策扶持。落实绿色生态为导向的农业补贴制度改革要求，继续在东北地区支持开展黑土地保护综合利用。鼓励探索东北黑土地保护奖补措施，调动地方政府和农民保护黑土地的积极性。允许地方政府统筹中央对地方转移支付中的相关涉农资金，用于黑土地保护工作。结合高标准农田建设等现有投入渠道，支持采取工程和技术相结合的综合措施，开展土壤改良、地力培肥、治理修复等。推进深松机、秸秆还田机等农机购置实行敞开补贴。鼓励地方政府按照“取之于土，用之于土”的原则，加大对黑土地保护的支持力度。

（三）推进科技创新。实施藏粮于技战略，加强黑土地保护技术研究。推进科技创新，组织科研单位开展技术攻关，重点开展黑土保育、土壤养分平衡、节水灌溉、旱作农业、保护性耕作、水土流失治理等技术攻关，特别要集中攻关秸秆低温腐熟技术。推进集成创新，结合开展绿色高产高效创建和模式攻关，集成组装一批黑土地保护技术模式。深入开展新型职业农民培训工程、农村实用人才带头人素质提升计划，着力提高种植大户、新型农业经营主体骨干人员的科学施肥、耕地保育水平，使之成为黑土地保护的中坚力量。

（四）创新服务机制。探索建立中央指导、地方组织、各类新型农业经营主体承担建设任务的项目实施机制，构建政府、企业、社会共同参与的多元化投入机制。采取政府购买服务方式，发挥财政投入的杠杆作用，鼓励第三方社会服务组织参与有机肥推广应用。推行 PPP 模式，在集中养殖区吸引社会主体参与建设与运营“粮—沼—畜”“粮—肥—畜”设施。通过补助、贷款贴息、设立引导性基金以及先建后补等方式，撬动政策性金融资本投入，引导商业性经营资本进入，调动社会化组织和专业化企业等社会力量参与的积极性。

（五）强化监督监测。严格落实耕地保护制度，强化地方政府保护黑土地的责任。支持东北 4 省（区）修订完善耕地保护地方性法规、规章。完善耕地质量标准和耕地质量保护评价指标体系，健全耕地质量监测网络，建设黑土地质量数据库。开展遥感动态监测，构建天空地数字农业管理系统，实现自动化监测、远程无线传输和网络化信息管理，跟踪黑土地质量变化趋势。建立第三方评价机制，定期开展黑土地保护效果评价。

东北黑土地保护性耕作行动计划（2020—2025年）

保护性耕作是一种以农作物秸秆覆盖还田、免（少）耕播种为主要内容的现代耕作技术体系，能够有效减轻土壤风蚀水蚀、增加土壤肥力和保墒抗旱能力、提高农业生态和经济效益。经过多年努力，我国东北地区保护性耕作取得明显进展，技术模式总体定型，关键机具基本过关，已经具备在适宜区域全面推广应用的基础。为深入贯彻习近平总书记关于对东北黑土地实行战略性保护的重要指示精神，认真落实党中央、国务院决策部署，加快保护性耕作推广应用，制定本行动计划。

一、总体要求

（一）指导思想。以习近平新时代中国特色社会主义思想为指导，全面贯彻党的十九大和十九届二中、三中、四中全会精神，坚持稳中求进工作总基调，落实新发展理念，以农业供给侧结构性改革为主线，坚持生态优先、用养结合，通过政府与市场两端发力、农机与农艺深度融合、科技支撑与主体培育并重、重点突破与整体推进并举、稳产丰产与节本增效兼顾，逐步在东北地区适宜区域全面推广应用保护性耕作，促进东北黑土地保护和农业可持续发展。

（二）行动目标。将东北地区（辽宁省、吉林省、黑龙江省和内蒙古自治区的赤峰市、通辽市、兴安盟、呼伦贝尔市）玉米生产作为保护性耕作推广应用的重点，兼顾大豆、小麦等作物生产。力争到2025年，保护性耕作实施面积达到1.4亿亩，占东北地区适宜区域耕地总面积的70%左右，形成较为完善的保护性耕作政策支持体系、技术装备体系和推广应用体系。经过持续努力，保护性耕作成为东北地区适宜区域农业主流耕作技术，耕地质量和农业综合生产能力稳定提升，生态、经济和社会效益明显增强。

（三）技术路线。重点推广秸秆覆盖还田免耕和秸秆覆盖还田少耕两种保护性耕作技术类型。各地可结合本地区土壤、水分、积温、经营规模等实际情况，充分尊重农民意愿，创新完善和推广适宜本地区的具体技术模式，不搞“一刀切”。在具体应用中，应尽量增加秸秆覆盖还田比例，增强土壤蓄水保墒能力，提高土壤有机质含量，培肥地力；采取免耕少耕，减少土壤扰动，减轻风蚀水蚀，防止土壤退化；采用高性能免耕播种机械，确保播种质量。根据土壤情况，可进行必要的深松。

二、行动安排

（一）组织整县推进。

1. 稳步扩大实施面积。东北四省（区）人民政府要从现有工作基础等实际情况出发，在稳定粮食生产的前提下，积极稳妥确定保护性耕作年度实施区域和面积。优先选择已有较好应用基础的县（市、区），分批开展整县推进，用3年左右时间，在县域内形成技术能到位、运行可持续的长效机制，保护性耕作面积占比原则上超过县域内适宜区域的50%以上，在其他县（市、区）扎实开展保护性耕作试点示范，循序渐进、逐步扩大实施面积，条件成熟的可组织整乡整村推进。

2. 推动高质量发展。以整体推进县（市、区）为重点，以新型农业经营主体为载体，以科研和推广单位为支撑，通过政策持续支持，在县、乡两级建设一批高标准保护性耕作应用基地（每个县级基地集中连片面积原则上不少于1000亩、乡镇级不少于200亩），打造高标准保护性耕作长期应用样板和新装备新技术集成优化展示基地。

（二）强化技术支撑。

1. 组建专家指导组。农业农村部组织成立由农机、栽培、土肥、植保等多学科专家组成的东北黑土地保护性耕作专家指导组，为实施行动计划提供决策服务和技术支撑。东北四省（区）农业农村部门分别成立省级专家组，研究制定主推技术模式和技术标准，开展技术培训与交流，指导基地建设。

2. 布局长期监测点。重点开展耕地土壤理化、生物性状、生产成本、作物产量变化、病虫草害变化和机具装备适用性等情况的监测试验，促进技术模式优化和机具装备升级。

3. 加强基础研究。支持科研院所、大专院校与骨干企业、新型农业经营主体、推广服务机构合作共建保护性耕作科研平台，研究基础性、长远性技术问题，建立健全东北黑土地保护性耕作理论体系。

（三）提升装备能力。

1. 推进研发创新。引导科研单位、机械制造企业、材料工业企业集中优势力量，共建保护性耕作装备创新联盟和研发平台。开展高性能免耕播种机核心部件研发攻关，重点突破播种机切盘的金属材料及加工工艺、电控高速精量排种器的设计与制造等难题，加快产业化步伐。

2. 完善标准体系。围绕保障保护性耕作关键机具产品质量、关键生产环节作业质量，抓紧制修订一批相关标准规范和操作规程。根据不同区域、作物特点，优化保护性耕作装备整体配置方案。

3. 增加有效供给。鼓励免耕播种机等关键机具制造企业加快技术改造、扩大中高端产品生产能力。发挥农机购置补贴政策导向作用，引导农民购置秸秆还田机、高性能免耕播种机、精准施药机械、深松机械等保护性耕作机具。

（四）壮大实施主体。

1. 支持服务主体发展。支持有条件的农机合作社等农业社会化服务组织承担保护性耕作补贴作业任务，带动各类新型农业经营主体和农户积极应用保护性耕作技术，培育壮大技术过硬、运行规范的保护性耕作专业服务队伍。

2. 推进服务机制创新。鼓励农业社会化服务组织与农户建立稳固的合作关系，支持采用订单作业、生产托管等方式，积极发展“全程机械化+综合农事”服务，实现机具共享、互利共赢，带动规模化经营、标准化作业。

3. 加强培训指导。利用高素质农民培育工程等项目，培养一批熟练掌握保护性耕作技术的生产经营能手、农机作业能手。广泛开展“田间日”等体验式、参与式培训活动，通过农民群众喜闻乐见的方式，提高保护性耕作科普效果，促进技术进村入户。

三、保障措施

（一）加强组织领导。东北四省（区）要把在适宜区域推广应用保护性耕作作为一项重要任务，抓紧抓实，久久为功。省级政府和市县政府要成立负责同志牵头的保护性耕作推进行动领导小组，建立政府主导、上下联动、各相关部门齐抓共管的工作机制，组织制定行动方案，明确重点实施区域、主推技术模式、实施进度和保障措施，做好相关资金保障和工作力量统筹。农业农村部要加强总体统筹协调和组织调度，适时组织开展第三方评估，会同财政部等部门研究解决保护性耕作推广应用工作中的重大问题，重要情况及时报告国务院。

（二）加强政策扶持。国家有关部门和东北四省（区）在乡村振兴、粮食安全、自然资源、农田水利、生态环境保护等工作布局中，要统筹考虑在东北地区适宜区域全面推行保护性耕作的目标导向，做到措施要求有机衔接。中央财政通过现有渠道积极支持东北地区保护性耕作发展。地方政府要因地制宜完善保护性耕作发展政策体系，根据工作进展统筹利用相关资金，将秸秆覆盖还田、免（少）耕等绿色生产方式推广应用作为优先支持方向，尽量做到实施区域、受益主体、实施地块“三聚焦”，切实发挥政策集聚效应。

（三）加强监督考评。东北四省（区）要将推进保护性耕作列入年度工作重点，细化分解目标任务，合理安排工作进度，制定验收标准，健全责任体系，确保按时保质完成各项任务。鼓励各地积极采用信息化手段提高监管工作效率，建立健全耕地质量监测评价机制。东北四省（区）要在2020年3月底以前，将本省（区）行动方案及2020年工作安排报农业农村部备案。

（四）加强宣传引导。各有关方面要充分利用广播、电视、报刊和新媒体，广泛宣传推广应用保护性耕作的重要意义、技术路线和政策措施，及时总结成效经验，推介典型案例，凝聚社会共识，营造良好的社会环境和舆论氛围。

国家黑土地保护工程实施方案
（2021—2025 年）

黑土是地球上珍贵的土壤资源，是指拥有黑色或暗黑色腐殖质表土层的土壤，是一种性状好、肥力高、适宜农耕的优质土地。东北地区是世界主要黑土带之一，北起大兴安岭，南至辽宁南部，西到内蒙古东部的大兴安岭山地边缘，东达乌苏里江和图们江，行政区域涉及辽宁、吉林、黑龙江以及内蒙古东部的部分地区。东北典型黑土区土壤类型主要有黑土、黑钙土、白浆土、草甸土、暗棕壤、棕壤、水稻土等类型。《东北黑土地保护规划纲要（2017—2030 年）》（以下简称《规划纲要》）明确保护范围为东北典型黑土区耕地面积约 2.78 亿亩。其中，内蒙古自治区 0.25 亿亩，辽宁省 0.28 亿亩，吉林省 0.69 亿亩，黑龙江省 1.56 亿亩。

一、工作基础

各地各部门认真贯彻落实习近平总书记关于把黑土地保护好、利用好和采取有效措施保护好黑土地这一“耕地中的大熊猫”的重要指示精神，积极推进黑土地保护利用，取得明显成效，东北四省（区）耕地质量较 5 年前提升 0.29 等级。

黑土地保护制度逐步完善。2017 年，经国务院同意，原农业部、发展改革委等 6 部门印发了《规划纲要》，明确到 2030 年在东北典型黑土区实施 2.5 亿亩黑土耕地保护任务。2020 年，经国务院同意，农业农村部和财政部印发《东北黑土地保护性耕作行动计划（2020—2025 年）》，明确到 2025 年在东北地区适宜区域实施以免耕少耕秸秆覆盖还田为主要内容的保护性耕作 1.4 亿亩。

高标准农田建设稳步推进。“十二五”以来东北四省（区）累计建成高标准农田 17987 万亩（其中典型黑土区 8735 万亩），农田基础设施不断完善，推动耕地质量进一步提升，夯实粮食安全基础。

水土流失治理初见成效。2016 年以来，实施了小流域综合治理、坡耕地综合整治和东北黑土区侵蚀沟综合治理等水土保持重点工程，治理水土流失面积超过 1.5 万平方公里。

土壤改良培肥面积不断扩大。2015 年以来，先后实施黑土地保护利用试点 1050 万亩、保护性耕作面积 4606 万亩、深松整地 3.11 亿亩次、实施秸秆还田面积 3.8 亿亩次。

探索形成了一批有效治理模式。探索工程与生物、农机与农艺、用地与养地相结合的综合治理模式，形成了以免耕少耕秸秆覆盖还田为关键技术的防风固土“梨树模式”，以秸秆粉碎、有机肥混合深翻还田，结合玉米—大豆轮作为关键技术的深耕培土“龙江模式”，以玉米连作与秸秆一年深翻两年归行覆盖还田的“中南模式”，以秋季秸秆粉碎翻压还田、春季有机肥抛撒搅浆平地的水田“三江模式”等10种黑土地综合治理模式。

但是，黑土耕地退化趋势尚未得到有效遏制。已经实施综合性治理措施的黑土耕地面积占比较低，坡耕地水土流失仍较重，耕作层变薄和侵蚀沟问题仍然突出，土壤有机质含量下降趋势仍未扭转，局部酸化、盐渍化问题仍然存在，要实现《规划纲要》确定的到2030年实施黑土耕地保护2.5亿亩目标，还需要多措并举，持续推进，久久为功。

二、总体要求

（一）指导思想。坚持以习近平新时代中国特色社会主义思想为指导，全面贯彻党的十九大和十九届二中、三中、四中、五中全会精神，贯彻落实习近平总书记关于黑土地保护重要指示批示精神，依据《中华人民共和国国民经济和社会发展第十四个五年规划和2035年远景目标纲要》要求，坚定不移贯彻新发展理念，深入实施藏粮于地、藏粮于技战略，以保障粮食产能、恢复耕地地力，促进黑土耕地资源持续利用为核心，以治理黑土耕地“薄、瘦、硬”问题为导向，以保育培肥、提质增肥、固土保肥、改良培肥为主攻方向，以防治坡耕地水土流失、治理侵蚀沟、完善农田基础设施、培育肥沃耕作层、加强黑土耕地质量监测评价为重点，以优化耕作制度为基础，坚持统筹工程、农艺措施综合治理，坚持分类施策、分区治理，坚持统筹政策、协同治理，健全体制机制，严格督查考核，集中连片、统筹推进，形成黑土地在利用中保护、以保护促利用的可持续发展新格局，夯实国家粮食安全基础，推动东北地区农业高质量发展和农业农村现代化。

（二）工作原则。

——坚持保护优先、用养结合。针对黑土地长期高强度利用，统筹优化农业结构，推进种养循环、秸秆粪污资源化利用、合理轮作，推广综合治理技术，促进黑土地在利用中保护、在保护中利用。

——坚持因地制宜、分类施策。根据东北黑土类型、水热条件、地形地貌、耕作模式等差异，水田、旱地、水浇地等耕地地类，科学分区分类，实施差异化治理。

——坚持政策协同、综合治理。结合区域内农田建设、水土保持、水利工程建设等规划，统筹工程与农艺措施，统一设计方案、统一组织实施、统一绩效考核，统筹工程建设、耕地保护、资源养护等不同渠道资金，强化政策协同，实行综合治理。

——坚持示范引领、技术支撑。以建设黑土地保护工程标准化示范区为引领，实施集中连片综合治理示范，带动大面积推广。加强技术支撑，建立由科研教育和技术推广单位组成的专家团队，推进治理技术创新，实行包片技术指导。

——坚持政府引导、社会参与。坚持黑土保护的公益性、基础性、长期性，发挥政府投入引领作用，以市场化方式带动社会资本投入，引导农村集体经济组织、农户、企业积极参与，形成黑土地保护建设长效机制。

（三）目标任务。2021—2025 年，实施黑土耕地保护利用面积 1 亿亩（含标准化示范面积 1800 万亩）。其中，建设高标准农田 5000 万亩、治理侵蚀沟 7000 条，实施免耕少耕秸秆覆盖还田、秸秆综合利用碎混翻压还田等保护性耕作 5 亿亩次（1 亿亩耕地每年全覆盖重叠 1 次）、有机肥深翻还田 1 亿亩。到“十四五”末，黑土地保护区耕地质量明显提升，旱地耕作层达到 30 厘米、水田耕作层达到 20-25 厘米，土壤有机质含量平均提高 10%以上，有效遏制黑土耕地“变薄、变瘦、变硬”退化趋势，防治水土流失，基本构建形成持续推进黑土地保护利用的长效机制。

国家黑土地保护工程（2021—2025年）主要措施任务表

（面积单位：万亩）

省（区）	保护耕地总面积		工程措施		农艺措施	
		其中：标准化示范	高标准农田建设	侵蚀沟治理（条）	保护性耕作	有机肥还田
内蒙古	900	220	450	2660	900	180
辽 宁	1000	110	510	700	1000	200
吉 林	2500	600	1240	1120	2500	500
黑龙江	5600	870	2800	2520	5600	1120
合 计	10000	1800	5000	7000	10000	2000

注：1. 标准化示范建设突出退化问题叠加严重的地区，提高建设标准，实施综合措施，持续支持示范。

2. 保护性耕作包括免耕少耕秸秆覆盖还田和秸秆碎混翻压+免耕还田，两者互为补充，每年全覆盖实施1亿亩，5年实施5亿亩次；有机肥还田与秸秆深翻还田结合每年实施2000万亩，5年实现1亿亩全覆盖。

3. 侵蚀沟治理对象是指长度大于100米的大中型侵蚀沟，结合小流域综合治理开展（其他小型侵蚀沟结合高标准农田建设开展）。

三、实施内容

针对黑土耕地出现的“薄、瘦、硬”问题，着重实施土壤侵蚀治理，农田基础设施建设，肥沃耕作层培育等措施。

（一）土壤侵蚀防治。东北黑土区坡度2°以上的坡耕地面积占比28%，以漫坡漫岗长坡耕地为主，汇水面积大，易形成水蚀。在松嫩平原和大兴安岭东南低山丘陵的农牧交错带，干旱少雨多风，土壤风蚀严重。

1. 治理坡耕地，防治土壤水蚀。建设截水、排水、引水等设施，拦蓄和疏导地表径流，防止客水进农田。采用改顺坡垄为横坡垄，改长垄为短垄，等高种植；打地埂、修筑植物护坎、较长坡面种植物防冲带；坡耕地适宜地区修建梯田，推行改自然漫流为筑沟导流，固定生态植被等，预防控制水蚀。

2. 建设农田防护体系，防治土壤风蚀。因害设防合理规划农田防护林体系，与沟、渠、路建设配套防护林带，大力营造各种水土保持防护林草，实现农田林网化、立体化防护。结合土壤、水分、积温、经营规模等实际情况，在适宜地区推广保护性耕作、精量播种，减少土壤扰动，降低土壤裸露，防治耕地土壤风蚀。

3. 治理侵蚀沟，修复和保护耕地。按照小流域为单元治理的思路，采取截、蓄、导、排等工程和生物措施，形成综合治理体系。小型侵蚀沟结合高标准农田建设实施沟道整形、暗管铺设、秸秆填沟、表层覆土等综合治理措施，将地表汇水导入暗管排水，侵蚀沟修复为耕地。大中型侵蚀沟修建拦沙坝等控制骨干工程，同时修建沟头防护、谷坊、塘坝等沟道防护设施，营造沟头、沟岸防护林以及沟底防冲林等水土保持林，配合沟道削坡、生态袋护坡等措施，构建完整的沟壑防护体系，以有效控制沟头溯源侵蚀和沟岸扩张。

（二）农田基础设施建设。针对黑土地盐碱，渍涝排水不畅，灌溉设施、路网、电网不配套以及田间道路不适应现代农机作业要求等问题，加强田间灌排工程建设和田块整治，优化机耕路、生产路布局，配套输配电设施，改善实施保护性耕作的基础条件。

1. 完善农田灌排体系。针对渍涝导致的土壤黏重和盐渍化等问题，按照区域化治理，灌溉与排水并重，渍、涝和盐碱综合治理的要求，以提高灌区输水、配水效率和排灌保证率为目标，对灌区渠首、骨干输水渠道、排水沟、渠系建筑物等进行配套完善和更新改造，强化排水骨干工程建设。加强骨干工程与田间工程的有效衔接配套，完善田间排灌渠系，形成顺畅高效的灌排体系。

2. 加强田块整治。为防治坡耕地水土流失，促进秸秆还田、深松深耕等农艺措施实施，依托高标准农田建设，推进旱地条田化、水田格田化建设，合理划分和适度归并田块，确定田块的适宜耕作长度与宽度。平整土地，合理调整田块地表坡降，提高耕作层厚度。完善灌区田间灌排体系，配套输配电设施，实现灌溉机井井井通电，大力推广节水灌溉，水田灌溉设计保证率不低于80%。

3. 开展田间道路建设。为推进宜机化作业，优化耕作制度，保障黑土地保护农艺措施落地落实，按照农机作业和运输需要，优化机耕路、生产路布局，推进路网密度、路面宽度、硬化程度、附属设施等规范化建设，使耕作田块农机通达率平原地区100%、丘陵山区90%以上。

（三）肥沃耕作层培育。上世纪50年代大规模开垦以来，东北典型黑土区逐渐由林草自然生态系统演变为人工农田生态系统，由于长期高强度利用，土壤有机质消耗流失多，秸秆、畜禽粪肥等有机物补充回归少，导致有机质含量大幅降低，耕地基础地力下降。加之长期的小马力农机作业，翻耕深度浅，耕作层厚度低于20厘米的耕地面积占一半。

1. 实施保护性耕作。优化耕作制度，推广应用少耕免耕秸秆覆盖还田、秸秆碎混翻压还田等不同方式的保护性耕作。在适宜地区重点推广免耕和少耕秸秆覆盖还田技术类型的“梨树模式”，增加秸秆覆盖还田比例。其余地区，改春整地为秋整地，旱地采取在秋季收获后实施秸秆机械粉碎翻压或碎混还田，推广一年深翻两年（或四年）免耕播种的“一翻两免（或四免）”的“龙江模式”、“中南模式”；黑土层与障碍层梯次混合、秸秆与有机肥改良集成的“阿荣旗模式”；水田采取秋季收获时直接秸秆粉碎翻埋还田，或春季泡田搅浆整地的“三江模式”。

2. 实施有机肥还田。秋季根据当地土壤基础条件和降雨量特点，推行深松（深耕）整地，以渐进打破犁底层为原则，疏松深层土壤。利用大中型动力机械，结合秸秆粉碎还田、有机肥抛撒，开展深翻整地。在粪肥丰富的地区建设粪污贮存发酵堆沤设施，以畜禽粪便为主要原料堆沤有机肥并施用。

3. 推行种养结合、粮豆轮作。推进种养结合，按照以种定养、以养促种原则，推进养殖企业、合作社、大户与耕地经营者合作，促进畜禽粪肥还田，种养结合用地养地。在适宜地区，以大豆为中轴作物，推进种植业结构调整，维持适当的迎茬比例解决大豆土传病害，加快建立米豆薯、米豆杂、米豆经等轮作制度。

通过肥沃耕作层培育，旱地耕作层厚度要达到 30 厘米，水田耕作层厚度要达到 20–25 厘米，土壤有机质含量达到当地自然条件和种植水平的中上等。

（四）黑土耕地质量监测评价。为加强黑土耕地变化规律的研究和此方案实施效果的监测评价，建立健全黑土区耕地质量监测评价制度，完善耕地质量监测评价指标体系和网络，合理布设耕地质量长期定位监测站点和调查监测点，通过长期定位监测跟踪黑土耕地质量变化趋势，建设黑土耕地质量数据库。加强黑土地保护建设项目实施效果监测评价，作为第三方评价的参考。探索运用遥感监测、信息化管理手段监管黑土耕地质量。

1. 按土壤类型设立长期定位监测网。依托中国科学院、中国农业科学院、中国农业大学，以及相关省份科研教育单位，按照土壤类型，建立黑土地保护利用长期监测研究站。根据黑土区气候条件、地形地貌、地形部位、土壤类型、种植作物等，统筹布设耕地质量监测网点，三江平原区、松嫩平原区、辽河平原区按每 10 万–15 万亩布设 1 个监测点，大兴安岭东南麓区、长白山—辽东丘陵山区按每 8 万–10 万亩布设 1 个监测点，监测黑土耕地质量主要指标。

2. 实施黑土地保护利用遥感监测。依托科研机构，探索将卫星和无人机多光谱、高光谱、地物光谱等遥感与探地雷达快速检测技术和地面监测技术融合，构建天空地多源数据监测体系，对耕地质量稳定性指标（地形部位、有效土层厚度、耕作层质地等）进行测定与分析，对易变性指标（有机质、全量养分、速效养分、含水量、PH 值等）进行动态监测。探索结合大数据、物联网等信息化技术，实现监测指标快速获取、智能判断、综合评价。

3. 开展实施效果评价。与高标准农田建设相结合，开展黑土地保护利用工程实施效果评价。在高标准农田建设项目验收评价中，对道路通达率、灌排能力、农田林网化程度等进行评价，对影响耕地质量的土壤有机质、耕作层厚度等指标进行监测。及时开展项目效果评价，确保高标准农田建设在保护黑土地、提升耕地综合生产能力上发挥作用。完善黑土耕地质量监测指标体系和评价技术，开展执行期和任务完成时的数量和质量评价，监测工程实施效果。

四、分区实施重点

根据地形地貌、水热条件、种植制度、土壤退化突出问题等因素，将东北典型黑土区划分为三江平原区、大兴安岭东南麓区、松嫩平原区、长白山—辽东丘陵山区、辽河平原区等5个区，提出分区治理重点内容。松嫩平原北部（北纬45度以北）的中厚黑土区以保育培肥为主；松嫩平原南部（北纬45度以南）、三江平原、辽河平原的浅薄黑土区以培育增肥为主；大兴安岭东南麓、长白山—辽东丘陵的水土流失区以固土保肥为主；三江平原和松嫩平原西部的障碍土壤区以改良培肥为主。

（一）三江平原区

区域特点。该区位于黑龙江、乌苏里江和松花江三江汇流处的冲积平原。属温带湿润、半湿润大陆性季风气候，年降水量500-650毫米。区域黑土耕地面积4563万亩，占东北典型黑土区耕地总面积的16%，平坦耕地占88.6%。旱地、水浇地、水田分别占47.8%、0.2%、52%，水稻种植面积大。地势低洼内涝严重，土壤障碍层明显，有机质下降幅度大，土壤酸化。

重点措施。以改良增肥为主攻方向，以解决低洼内涝、打破白浆土障碍层、遏制有机质含量下降与土壤酸化等为重点，改良培育耕作层，完善灌排设施，实施秸秆深翻还田和以秸秆覆盖条带耕作为主的保护性耕作技术，增厚耕作层，消除土壤障碍因素，提高耕地肥力。①完善大中型灌区配套，加强灌排工程建设；规范化改造低洼内涝区排水系统；开展田块整治，完善农田基础设施，建设农田防护林。②调减水稻井灌面积，控制地下水开采。③旱地推行秋季秸秆粉碎深翻还田和秸秆粉碎配合有机肥深翻还田，打破障碍层、治理土壤酸化等关键技术。④水田推行水稻秸秆粉碎翻、旋、耙（搅浆）还田技术。⑤重点监测土壤有机质变化情况，秸秆深翻还田对改良白浆土障碍层次作用。

（二）大兴安岭东南麓区

区域特点。该区位于黑龙江省的西北部和内蒙古自治区的东北部，属大陆性季风气候，年均降水量 270–530 毫米。区域黑土耕地面积 2558 万亩，占东北典型黑土区耕地总面积的 9%。坡度 2°–6°缓坡耕地占 51%，坡度 6°以上坡耕地占 10%。旱地、水浇地、水田分别占 80%、16%、4%，主要种植玉米和大豆。该区域侵蚀沟数量多、水蚀风蚀严重，耕作层厚度不足 20 厘米的占 41%，农田基础设施薄弱。

重点措施。以固土保肥为主攻方向，以治理土壤侵蚀、增厚耕作层等为重点，完善农田基础设施，改造坡耕地、治理侵蚀沟，实施保护性耕作，修复侵蚀沟损毁耕地。①坡耕地改造。适宜地区修建梯田，修建排水沟，改自然漫流为筑沟导流。种植固定生态植被，修筑地埂植物带。②建设大中型侵蚀沟控制工程，修复小型侵蚀沟损毁耕地。③完善农田基础设施，建设农田防护林网，防风固土。④坡耕地改顺坡垄为横坡垄、改长垄为短垄，等高种植。推行玉米—大豆、小麦—油菜等轮作制度。实施秸秆粉碎+有机肥深翻、“阿荣旗模式”、深松整地和以秸秆部分覆盖免耕少耕为主的保护性耕作技术。⑤重点监测保护性耕作对耕作层和钙积层的影响。

（三）松嫩平原区

区域特点。该区为松花江、嫩江冲积平原，位于黑龙江、吉林两省的中西部，属温带大陆性半湿润、半干旱季风气候，年降水量 400－600 毫米。区域黑土耕地面积 16343 万亩，占东北典型黑土区耕地总面积的 59%，是典型黑土集中分布区。平坦耕地占 76.3%，坡度 2°以上坡耕地占 23.7%。旱地、水浇地、水田分别占 84.6%、0.4%、15%，主要种植玉米、大豆和水稻。侵蚀沟数量众多，水蚀风蚀严重，耕作层厚度不足 20 厘米的占 54%，盐碱耕地面积 1000 万亩，占典型黑土区盐碱耕地的 86%。

重点措施。北部以保育培肥为主攻方向、南部以培育增肥为主攻方向，以培肥土壤、防治水土流失为重点，实施肥沃耕作层培育，改造坡耕地，治理侵蚀沟，完善田间排水工程等农田基础设施，实现中厚黑土层保育、浅薄黑土层培肥、侵蚀沟损毁耕地复垦、内涝盐碱改良。①旱地实行分区保育培肥措施。北部建立玉米—大豆轮作制度，推行“龙江模式”秸秆还田。南部、西部建立粮豆、粮经、粮饲等轮作制度，推行全覆盖、条盖等多种形式的保护性耕作。②水田推行水稻秸秆粉碎翻、旋、耙（搅浆）还田技术。③种养结合区实施畜禽粪污无害化处理、积造堆沤发酵腐熟后还田。④开展田块整治，完善田间设施和农田林网，等高修筑地埂，种植生物篱带。漫川漫岗坡耕地推行等高横坡改垄，改长坡种植为短坡种植。⑤规范化改造低洼内涝区排水系统，盐碱耕地排水要达到临界水位以下。水田推广控制灌溉技术。⑥建设大中型侵蚀沟控制工程，修复小型侵蚀沟损毁耕地。⑦重点监测土壤耕作层和有机质变化情况。

（四）长白山—辽东丘陵山区

区域特点。该区位于黑龙江省东南部、吉林省和辽宁省东部，以丘陵山地为主，气候温和湿润，年降水量600-1000毫米。区域黑土耕地面积1968万亩，占东北典型黑土区耕地总面积的7%。坡耕地占68%，其中2°-6°和6°以上缓坡耕地各占一半。旱地、水田分别占87.3%、12.7%，主要种植玉米、冬小麦、大豆、高粱等。侵蚀沟分布密集、水蚀严重，耕作层厚度不足20厘米的占59%，土壤有机质含量低，农田基础设施薄弱。

重点措施。以固土培肥为主攻方向，以治理水土流失为重点，实施侵蚀沟治理、坡耕地改造，增施有机肥，推行保护性耕作。①建设大中型侵蚀沟控制工程，修复小型侵蚀沟损毁耕地。完善农田基础设施以及农田林网。②改造坡耕地，适宜地区修建梯田，修建排水沟，改自然漫流为筑沟导流。种植固定生态植被，修筑地埂植物带，较长坡面种植植物防冲带。③缓坡地改顺坡垄为横坡垄，改长垄为短垄，等高种植。④推行玉米—大豆、粮经（瓜菜、中药材）等轮作制度。实施秸秆粉碎+有机肥浅旋还田、秸秆覆盖条耕还田技术。⑤重点监测水土保持效果和土壤酸碱度。

（五）辽河平原区

区域特点。该区位于辽宁省中北部，属暖温带半湿润大陆性季风气候，年降水量500-700毫米。区域黑土耕地面积2431万亩，占东北典型黑土区耕地总面积的9%，平坦耕地占79.1%。旱地、水浇地、水田分别占81.9%、2.6%、15.5%，主要种植水稻、玉米和大豆。土壤有机质下降显著，不足20克/千克的耕地面积占70%，土壤板结、粘重，耕作层厚度不足20厘米的占30.9%。

重点措施。以提质增肥为主攻方向，以增加土壤有机质含量为重点，实施秸秆还田、增施有机肥，推行保护性耕作。①旱地推行秸秆全量覆盖、部分覆盖免耕少耕，或实施秸秆粉碎深翻还田等保护性耕作技术模式。②水田推行水稻秸秆粉碎翻、旋、耙（搅浆）还田技术。③种养结合区实施畜禽粪污无害化处理，积造堆沤发酵腐熟后还田。④建设田间灌排工程，开展田块整治，配套机耕道路和农田防护林。⑤重点监测秸秆还田和施用有机肥对土壤有机质变化影响。

五、构建保护利用长效机制

（一）强化政策统筹。以《规划纲要》和此实施方案为引导，按照“各炒一盘菜、共做一桌席”思路，加强行业内相关资金整合和行业间相关资金统筹的衔接配合。以高标准农田建设为平台，统筹实施大中型灌区改造、小流域综合治理、高标准农田建设、畜禽粪污资源化利用、秸秆综合利用还田、深松整地、绿色种养循环农业、保护性耕作、东北黑土地保护利用试点示范等政策，实行综合治理，形成政策合力。畅通机具鉴定渠道，继续通过农机购置补贴支持保护性耕作、精量播种、秸秆还田等相关农用机具。加大有机肥还田政策支持，有机肥田间贮存和堆沤用地按设施农业用地管理。鼓励企业发展种养循环农业，促进畜禽粪污资源科学还田利用。完善落实农业保险保费补贴政策，确保及时足额理赔。在黑土区推进稻谷、小麦、玉米完全成本保险和种植收入保险政策。探索将黑土耕地保护措施、轮作休耕制度落实情况与耕地地力补贴、轮作休耕补贴等发放挂钩机制。加强东北四省（区）已出台黑土地保护法律法规的执行力度。

（二）强化多方协同。加强横向协作，强化农业农村、发展改革、科技、财政、水利、自然资源、生态环境、林业草原、中国科学院等多部门合作。加强纵向协同，构建地方人民政府为主责，中央地方紧密协同、上下联动工作机制。强化多主体协力，明确政府、企业、农村集体经济组织、新型经营主体、农户等各自责任，建立多元主体有钱出钱、有力出力、共同推进黑土地保护利用的机制。强化示范引领，开展绿色农田建设示范，以1800万亩标准化示范区为重点，多主体协同、多政策协力、多技术合成，建设黑土地农田系统、资源利用、生态环境可持续的示范区。加强土壤污染防治和安全利用。

（三）强化规模化示范带动。加大种养大户、家庭农场、农民合作社等新型经营主体培育力度，利用专业合作、股份合作、土地流转、土地入股、土地托管等形式，引导土地向新型经营主体流转，发展适度规模经营，促进耕地集中连片生产，为黑土地保护利用创造条件。强化土地经营者用地养地责任，推进黑土地保护与发展高效农业、品牌农业的有机结合，提高黑土地保护利用综合效益，调动农民积极主动实施相关措施。

六、完善保障措施

（一）加强组织领导。推动将黑土地保护利用纳入五级书记抓乡村振兴的内容。建立东北黑土地保护部际协调及部省联动工作机制。中央农办、农业农村部牵头，有关部门参加，统筹落实中央政策，每年底向国务院报告黑土地保护工程实施情况。各级财政、发展改革部门负责协调落实资金，相关部门各负责保护工程实施内容任务落实。地方建立政府负责、部门协同、多方参与、上下联动的落实政策、组织实施、监管监测、考核评价的共同责任机制。省级人民政府负责制定本省（区）年度黑土地保护工作计划、实施方案和任务清单，分解细化任务资金，督促县级落实年度治理任务。县级人民政府负责制定年度资金统筹使用方案，编制本县黑土地保护工作计划、实施方案和任务清单并组织实施，落实治理任务到地块，发挥好乡（镇）村组织动员群众作用。“辅之以利、辅之以义”结合，充分调动农村集体经济组织、新型经营主体和农民保护利用黑土地积极性，促进用地养地。

（二）加大科技创新。通过中央财政科技计划（专项、基金等）支持黑土地保护利用技术。将黑土地保护利用科技创新内容纳入“十四五”科技发展规划，突破黑土地保护和作物丰产高效协同技术瓶颈。组建土壤、水利、生态保护、农业等领域专家组成的黑土地保护技术指导专家团队，统筹设计黑土区高标准农田建设、林网配套、水利设施、侵蚀治理、耕作层培育等方案，协同推进耕地质量、数量、生态“三位一体”保护。联合中国科学院、中国农业科学院、中国农业大学及东北四省（区）相关科研教育机构，立足黑土区立地条件及气候特点，研究探索适宜品种、种植制度、田间管理、农机装备等产品技术装备配套，研发推广一批适用新技术、新产品、新装备。省级推广部门做好技术推广落地。

（三）加大资金投入。提高高标准农田建设标准和质量，健全管护机制，多渠道筹集建设资金。因地制宜明确建设标准。地方可按规定统筹水土保持、大中型灌区改造、高标准农田建设、秸秆还田、绿色种养循环农业、保护性耕作等资金向黑土地保护倾斜。省级人民政府可以从土地出让收益中安排部分资金，用于高标准农田建设。鼓励地方可按规定整合工程建设、农业资源及生态保护等相关资金推广综合治理技术模式。采取有效措施，引导第三方服务机构、农业经营主体共同投入黑土地保护。

（四）加强监督考核。严格落实耕地保护制度，压实地方政府黑土地保护责任。加强对地方各级政府实施方案编制、各渠道资金整合投入、各年度保护任务落实、各协同机制构建的督查考核，将相关工作纳入东北四省（区）

粮食安全省长责任制和省级政府耕地保护责任目标考核，增加黑土地保护考核权重，强化责任落实。压实相关部门对高标准农田建设、侵蚀沟治理、畜禽粪污资源化利用、秸秆还田、保护性耕作、有机肥还田等政策任务落实和完成质量的监管检查责任，相关监管信息共享。东北四省（区）加大对已出台地方法规规章执行情况的督查。完善东北黑土区耕地质量监测体系，健全耕地质量监测网络，跟踪黑土地质量变化情况，及时掌握耕地质量变化趋势。完善高标准农田建设监管平台，将黑土地保护利用纳入“一张图”管理。对黑土地保护工程各项任务落实情况，实施在线监测和遥感监测相结合，监督考核年度任务完成情况。适时开展项目绩效中期、期末评估。

（五）加强宣传培训。加强黑土地保护利用宣传和科普力度，积极通过多种媒体、多渠道宣传农业绿色发展、黑土地可持续保护利用的重大意义。地方政府应当落实好《中共中央办公厅、国务院办公厅关于加快推进乡村人才振兴的意见》精神，着力培养耕地质量保护、水土保持、农业工程建设、农机作业等方面人才，加强黑土地保护利用相关政策及综合技术培训推广力度，通过媒体宣传黑土地保护措施成效，推介典型案例，营造全社会关心黑土地、保护黑土地的良好氛围。

图书在版编目（CIP）数据

中华人民共和国黑土地保护法解读 / 王超英主编
.—北京：中国法制出版社，2023.7
ISBN 978-7-5216-3493-8

Ⅰ.①中… Ⅱ.①王… Ⅲ.①黑土-土地保护-土地法-法律解释-中国 Ⅳ.①922.305

中国国家版本馆 CIP 数据核字（2023）第 071660 号

策划编辑：谢雯　　责任编辑：白天园　　封面设计：李宁

中华人民共和国黑土地保护法解读

ZHONGHUA RENMIN GONGHEGUO HEITUDI BAOHUFA JIEDU

主编/王超英
经销/新华书店
印刷/三河市国英印务有限公司
开本/880 毫米×1230 毫米　32 开　　印张/ 9.75　字数/ 146 千
版次/2023 年 7 月第 1 版　　2023 年 7 月第 1 次印刷

中国法制出版社出版
书号 ISBN 978-7-5216-3493-8　　定价：46.00 元

北京市西城区西便门西里甲 16 号西便门办公区
邮政编码：100053　　传真：010-63141600
网址：http：//www.zgfzs.com　　编辑部电话：010-63141793
市场营销部电话：010-63141612　　印务部电话：010-63141606

（如有印装质量问题，请与本社印务部联系。）